KERSTIN HOHLFELD | OLIVER ZIEBE

Berliner Geheimnisse

BAND 2

SPANNENDES AUS DER SPREE-METROPOLE
MIT KENNERN DER STADTGESCHICHTE

Berliner Morgenpost

Hohlfeld, Kerstin; Ziebe, Oliver;
Berliner Geheimnisse (Band 2) – Spannendes aus der Spree-Metropole - mit Kennern der Stadtgeschichte

BERLINER MORGENPOST in Kooperation mit:
Bast Medien GmbH, St. Ulrich-Str. 11, 88662 Überlingen (verantwortlich)
1. Auflage 2022
ISBN: 978-3-946581-88-8

Lektorat: Lena Bast
Covergestaltung: Melanie Kunze
Layout: Homebase – Kommunikation & Design, Melanie Kunze
Satz: Melanie Kunze
Druck: Mohn Media Mohndruck GmbH Gütersloh

Ein Titel der preisgekrönten Reihe *Geheimnisse der Heimat*

Inhalt

Vorwort

Liebe Leserin, liebe Leser,

Berlin – das ist heute eine Metropole mit mehr als 3,6 Millionen Einwohnern, mit einer sehr wechselvollen Geschichte mit vielen Brüchen. Mit Kaiserreich, Ersten Weltkrieg, dem Aufbruch und den goldenen Zeiten während der Weimarer Jahre, aber auch den todbringenden Jahren des NS-Regimes, das von Berlin aus den Zweiten Krieg, das Unheil und den Holocaust über die Europa und die Welt brachte, und endlich dem demokratischen Aufbruch nach Ende des Zweiten Weltkriegs, gefolgt von den schwierigen Mauerjahren – und schließlich dem Glücksfall in unserer Geschichte, dem Mauerfall am 9. November 1989. Auch das ist schon wieder mehr als 30 Jahre her.

Und da soll es noch Geheimnisse geben? So vieles ist doch erforscht und an vielen Orten in Berlin dargestellt, in Museen präsentiert und dokumentiert. Und doch, es gibt sie – jede Menge kleiner und größerer Geheimnisse, die Autorin Kerstin Hohlfeld und Fotograf Oliver Ziebe in diesem Buch in 50 Kapiteln und auf mehr als 180 Seiten so anschaulich und liebevoll aufgearbeitet haben. Auch ich, die ich seit fast 40 Jahren in Berlin lebe und arbeite, habe mich mit Freude auf Entdeckungsreise begeben und bin auf etliche neue Geheimnisse und Orte gestoßen.

Lassen Sie sich verführen – und begeben Sie sich mit diesem Buch auf Spurensuche in Berlin. Sei es auf den Friedhof Weißensee, wo es interessante Grabinschriften und die Gräber wichtiger Persönlichkeiten zu entdecken gibt. Sei es beim Stadtspaziergang durch Berlin, bei dem auf unerkannte Pflasterwege oder interessante Fassadenmalereien stößt, hinter denen sich auch eine Geschichte – und ein Geheimnis – verbirgt. Oder besuchen Sie eine der vielen Berliner Kirchen – die Pauluskirche nach Zehlendorf oder die Kapelle an der Lungenklinik Heckeshorn – und entdecken dort Berliner Geschichte.

Ich wünsche Ihnen viel Freude mit diesem Buch über „50 Berliner Geheimnisse", aus der sehr erfolgreichen Geheimnis-Reihe von Verlegerin Eva Maria Bast. Und auf jeder Seite, in jedem Text ist die Begeisterung für Berlin, für unsere großartige Stadt, zu spüren. Wie schön!

Ihre

Christine Richter
Chefredakteurin Berliner Morgenpost

Die Autoren

Kerstin Hohlfeld wurde in Magdeburg geboren, studierte Theologie in Naumburg und Berlin, verließ die Hauptstadt kurz vor dem Mauerfall, um kurz danach eilig in ihre Lieblingsstadt zurückzukehren und in verschiedenen Berufen, u.a. als Autorin von Romanen, zu arbeiten. Die Mutter von drei erwachsenen Kindern radelt, wandert und reist leidenschaftlich gern. Unterwegs zu sein bedeutet ihr viel: den Horizont zu erweitern, sich auf neue Perspektiven einzulassen und tief in Geschichten der Menschen vor Ort einzutauchen. Seit sie für Bast Medien schreibt, sind ihr auch Städte und Orte „vor ihrer Berliner Haustür" so richtig ans Herz gewachsen. Vor ihrer Heimatstadt Berlin war sie bereits in Magdeburg und Erfurt sowie Potsdam unterwegs. Der besondere Reiz an der Geheimnissuche liegt für sie im engen Kontakt zu den Menschen. So lernt sie nicht nur die Städte selbst, sondern auch ihre Seele kennen.

Oliver Ziebe 1963 in Alfeld/Leine geboren, absolvierte seine Ausbildung zum Fotografen beim Lette-Verein in Berlin. Seit Jahrzehnten fotografiert er für Fernsehsender und Filmproduktionen, für Museen und Künstler sowie für den Blinden- und Sehbehindertenverband. Ausstellungen wie „Die Wende wird volljährig" im Jahr 2007, „20 Jahre Mauerfall" oder „GeoArt – Namibwüste" komplettieren sein kreatives und künstlerisches Schaffen. Den Reiz von Städten und Orten fotografisch einzufangen, ist seine Leidenschaft. Neben Stadtgeschichte begeistert ihn der Kontakt zu den Menschen, die vor seine Kamera treten – sei es nun eine Schauspielerin oder ein Stadtführer.

Tor

Pforte zu einem ganz besonderen Weg

„Ich habe bereits acht Jahre hier in der Gegend gewohnt, als mir die beiden Davidsterne in dem Tor zum ersten Mal aufgefallen sind." Benjamin Kuntz sagt es kopfschüttelnd, denn er versteht nicht so ganz, wie er sie so lange übersehen konnte. Besonders klein sind die in dem zweiflügeligen, großen Tor eingelassenen Davidsterne an der Knaackstraße nicht, allerdings im ringsherum befindlichen Graffiti-Chaos wirklich etwas schwer auszumachen. Und zudem halten wir uns in einer dicht bebauten Gegend auf, in der es zum einen von historisch wertvollen Bauwerken und zum anderen von Kultur nur so wimmelt: Die Bildhauerin und Grafikerin Käthe Kollwitz (1867-1945) hat hier gewohnt, und so trägt der lebendige Platz mitten im Kiez ihren Namen.

Kuntz, promovierter Gesundheitswissenschaftler, arbeitet am Robert Koch-Institut und an der Charité in Berlin. Als Mitglied der Berliner Gesellschaft für Geschichte der Medizin beschäftigt er sich seit 2018 verstärkt mit medizinhistorischen Themen. Aus seiner Feder sind bereits mehrere hochspannende Biografien erschienen, in denen es um jüdische Ärzte und Ärztinnen geht, die während der Zeit des Nationalsozialismus verfolgt wurden. Auch arbeitete er an dem Podcast „Erinnerungszeichen" des RKI aus dem Jahr 2021 mit, der anlässlich des bundesweiten Gedenkjahres „1700 Jahre Jüdisches Leben in Deutschland" entwickelt wurde. „Das Institut war an der damaligen Politik mitbeteiligt", merkt er kritisch an, „die Forschenden jüdischer Abstammung mussten es 1933 verlassen. Mit unserer Podcast-Reihe wollten wir erreichen, dass sie nicht vergessen werden."

Als Benjamin Kuntz das mit Davidsternen geschmückte Tor entdeckte, begann er, das versteht sich nun fast von selbst, umgehend zu recherchieren. Sie sind etwa auf Augenhöhe eingearbeitet. Wer durch ihre Öffnung hindurchschaut, erblickt einen breiten, gepflegten Grasstreifen, der ziemlich faszinierend aussieht, denn hier – mitten im

Magisches Licht und ein ehemaliger Feldweg mitten in Berlin. Benjamin Kuntz ist fasziniert vom sogenannten Judengang.

Großstadtgetümmel – ist er eine grüne Oase neben hohen Häuserblocks. „Der schnurgerade Weg ist ungefähr 400 Meter lang“, erklärt Benjamin Kuntz. „Würden wir ihn entlanggehen, kämen wir am Senefelder Platz raus. Dort befindet sich ein zweites Tor. Im Jahr 2002 ist die ganze Anlage – der sogenannte Judengang – saniert worden.“

Wie es sich nun genau mit der Geschichte des Grünstreifens zutrug, ist nicht überliefert. „Von 1824 an, damals befand sich die Gegend um den heutigen Kollwitzplatz noch *vor* der Stadt“, erzählt Benjamin Kuntz weiter, „entstand hier der neue Friedhof der jüdischen Gemeinde von Berlin. Der zuvor genutzte jüdische Friedhof auf dem Gebiet der heutigen Großen Hamburger Straße lag innerhalb der Stadtmauern und musste auf Geheiß der preußischen Regierung geschlossen werden. Der einstige Acker wurde nun Begräbnisfläche und über den Feldweg daneben zogen die Trauernden. Denn vorneherum, auf der schon existierenden Straße von Berlin zum Schloss Schönhausen, die heute Schönhauser Allee heißt, da wollte man die trauernden Juden nicht haben. Ob es nun daran lag, dass sie fremd oder auch befremdlich auf die Berliner wirkten, oder ob es stimmt, dass sich sogar der damalige König Friedrich Wilhelm III. daran störte und die Trauerzüge deshalb auf den Feldweg verbannte, ist nicht belegt.“

Zwei Davidsterne im Graffiti-Chaos. Dahinter liegt der Judengang verborgen.

Fakt aber ist, der Weg wurde irgendwann *Judengang* genannt – und so heißt er bis heute. Auch die ab dem späten 19. Jahrhundert wachsende Bebauung konnte ihm nichts anhaben, selbst als der Jüdische Friedhof hier nicht mehr genutzt wurde, weil die Toten der

Gemeinde ab 1880 in der Regel in Weißensee (siehe Geheimnis Grabmal) bestattet wurden.

Zu DDR-Zeiten wurde der Grünstreifen von den Bewohnern der Kollwitzstraße als willkommene Ruheoase genutzt – hier gab es Gemüsegärten sowie Raum zum Spielen und Grillen. Die ursprüngliche Nutzung geriet in Vergessenheit. Der Friedhof war hinter einer hohen Mauer verborgen, eine Verbindung zwischen beiden war nicht ersichtlich.

„Erst um die Jahrtausendwende ist der Judengang wieder ins Bewusstsein gerückt", sagt Benjamin Kuntz. „Und das ist gut so. Wo findet man mitten in Berlin denn noch einen einstigen Feldweg, auch wenn er heute ein gepflegter Grünstreifen ist? Und dann noch mit so einer Geschichte?" Das Lichtspiel auf dem von der Sonne beschienenen Weg gibt ihm recht. Es ist ein besonderer Ort.

„Erst um die Jahrtausendwende ist der Judengang wieder ins Bewusstsein gerückt."

Jüdische Gemeinde und Lotto-Stiftung haben eine Menge Geld in die Hand genommen, um den Judengang zu sanieren und unter Denkmalschutz stellen zu lassen. Die Tore an den beiden Enden sind allerdings ebenso verschlossen wie das Tor, das vom Friedhof aus auf den Weg führt – das alles kann aus Rücksicht auf die Anwohner nur bei Führungen betreten werden. Aber wer mag, späht durch die beiden Davidsterne in der Knaackstraße hindurch oder besichtigt den verwunschenen Friedhof, dessen Eingang auf der Schönhauser Straße liegt und der laut Kuntz zu jeder Jahreszeit seinen Zauber hat.

So geht's zum Tor:

Das Tor mit den beiden Davidsternen und dem Ausblick auf den Judengang befindet sich an der Knaackstraße 41.

Kunstvolle Buchstaben – die Firma „Marcus Metallbau“ hatte hier ab 1902 ihre Werkstätten. Martina Filipowsky vor der roten Tür, die Blicke magisch auf sich zieht.

02

Ornament

Schmiedekunst und Pferde über Pferde

Wer mit Marita Filipowsky durch Schöneberg spaziert, sieht wirklich geheimnisvolle Orte. Nicht ohne Grund läuft die Stadtführung, die sie anbietet, unter dem Titel „Schöneberg im Wandel der Zeit“. Ein Motto, so spannend wie der Heimatbezirk der Stadtführerin, den sie nicht müde wird zu erkunden und immer wieder neu zu entdecken. Und wie das in Berlin so ist: Schnell fertig wird man mit diesem Ansinnen nicht – hier wimmelt es von Geschichte(n) –, zum Beispiel die aus der Monumentenstraße 35. „Wer in den Hof des Grundstücks geht, betritt ein anderes Jahrhundert“, sagt Marita Filipowsky. Und genauso fühlt es sich an.

Abgesehen von den parkenden Autos und Fahrrädern vielleicht, aber deren Gegenwart lässt sich angesichts von rankendem Weinlaub an roter Backsteinfassade und von kunstvollen schmiedeeisernen Gittern vor den runden Fenstern eines Treppenaufgangs glatt ausblenden. Und dann sind da noch diese zauberhaften knallroten, metallenen Türen – mit ebenso zauberhaften Ornamenten verziert. So etwas gibt es auch in Berlin nicht alle Tage zu sehen. Die Stadtführerin weist auf ein verschlungenes Ornament an einer der Türen hin. Wer genau hinschaut, erkennt die doppelte Ausführung des Buchstabens *M*. Und da wird es auch schon spannend, denn natürlich stellt sich die Frage, wer all diese wunderschönen metallenen Relikte, die übrigens nicht nur den Hof, sondern auch die Fassade des Vorderhauses prägen, hinterlassen hat.

Zuerst einmal erklärt Marita Filipowsky, wo wir uns genau befinden: „Diese Gegend in Schöneberg ist die sogenannte *Rote Insel.*" Allerdings hat der Inselstatus weniger mit Wasser als mit Schienen zu tun. Denn der im Osten des dichtbesiedelten Bezirks gelegene Teil zwischen den S-Bahnhöfen Südkreuz, Schöneberg und Yorkstraße ist von Bahnlinien umschlossen. „Und der Beiname *rot* ist natürlich politisch gemeint. Das hier war ein Arbeiterbezirk. In den zwanziger und dreißiger Jahren des 20. Jahrhunderts war das hier eine Hochburg der SPD und der KPD. Es wird erzählt, dass die Frauen, wenn draußen ein brauner Aufmarsch stattfand, ihre Bettdecken – früher waren die Inletts ja fast immer aus rotem Stoff – aus den Fenstern hängten." Quasi rote Fahnen, aber ungefährlich, man wird ja schließlich noch die Bettdecken lüften dürfen.

Die verschlungenen Buchstaben stehen für „Marcus-Metallbau", einen Kunstschmiedebetrieb, der von 1902 bis 1957 hier seinen Sitz hatte. „Die Geschichte von Paul Marcus ist spannend", erzählt Marita Filipowsky, „er hat nämlich ganz klein angefangen." Der Kunstschmied Karl Paul Marcus (1854-1932) kam in Finsterwalde zur Welt. Nach seiner Lehre bei einer Schlosserei zog es ihn nach Berlin, wo er als Facharbeiter bei großen Berliner Betrieben wie Siemens & Halske arbeitete. Seine Meisterprüfung legte er 1878 in der Kunstschmiedewerkstatt von Eduard Puls ab, der damals als der bedeutendste Kunstschmied Berlins galt. „Marcus hatte seinen Betrieb mehr oder weniger mittellos mit einem geliehenen Schraubstock begonnen", erzählt Marita Filipowsky, „aber er war talentiert und fleißig." Da kunstvolle Schmiedearbeiten im ausgehenden 19. Jahrhundert wieder sehr in Mode kamen, blieb sein Erfolg nicht aus. „Er erhielt zahlreiche Preise, zum Beispiel auf der Berliner Gewerbeausstellung von 1896 und im Jahr 1900 in Paris. Sein schmiedeeisernes Gittertor erhielt dort den *Grand prix* und zierte später das Südportal des Reichstages. Seine Berühmtheit reichte weit über Berlin hinaus. Arbeiten aus seiner Werkstatt fanden sich sogar an einem Tempel in Bombay."

Im ersten Stock befanden sich die Pferdeställe. Und später im Dachgeschoss die Wohnstätten der Zwangsarbeiter.

Nur einen Hof weiter sind in der Monumentenstraße 33/34 nicht weniger spannende Relikte zu finden. Das beginnt schon mit rostigen Ringen an der rechten Seite, sobald man den Hof betritt. „Auf alten Fotos ist zu sehen, dass hier an der rückwärtigen Friedhofsmauer einst eine steinerne Tränke stand", erzählt die Stadtführerin. Und die brauchte es auch, denn hier lag einst ein Pferdebahndepot, die Endhaltestelle einer Pferdeomnibuslinie. „Seit Mitte des 19. Jahrhunderts hat es die im Berliner Gebiet gegeben. Das Depot hier entstand 1900. Damals wohnten auf der Insel schon die vielen Arbeiter, die nach Berlin zur Arbeit mussten." Für vier Jahre gehörte das Depot der Neuen Berliner Omnibus AG, nach deren Konkurs ging es an die Allgemeine Berliner Omnibus AG (ABOAG) über, die hier rund 600 Pferde in einem für die damalige Zeit typischen Etagenstall unterbrachte. „Das hier war das 8. Depot", erklärt Marita Filipowsky, „über eine Rampe wurden die Pferde in den ersten Stock gebracht, wo ihre Stallungen waren und man heute noch die metallenen Halterungen zum Anbinden sieht. Eine Schmiede, Beschlagsschuppen und Stellmacherei gehörten zur Anlage." Urig sahen sie aus, die Wagen der Omnibuslinie, einige hatten sogar Decksitze. Es gab Sommer- und Winterwagen, jeweils mit Sitz- und Stehplätzen. Die Pferde arbeiteten im Durchschnitt sechs Jahre bei der ABOAG, sie waren circa zehn Jahre alt, wenn sie ihren Dienst quittierten und wurden anschließend gern von Landwirten gekauft. Der Dienst auf den Berliner Straßen war hart, deshalb wurden die Pferde ab 1911 regelmäßig zur Kur ins Umland geschickt, wo sie sich ausruhen und unter Aufsicht eines erfahrenen Pferdepflegers erholen durften. „Omnisbusruh" wurde der Ort der glücklichen Pferde im Volksmund genannt.

„Für mich liegt das eigentliche Geheimnis jedoch im Rüstungsbetrieb ab 1931", schlägt Marita Filipowsky den Bogen zurück zum benachbarten „Marcus Metallbau". „Der Betrieb wurde schon ab 1931 auf das Gelände des einstigen Pferdebahnhofs ausgedehnt. Nach dem Tod des Gründers stieg die Firma nämlich in die Rüstungsproduktion ein und stellte Pontonbrücken her." Die alten Stallgebäude seien zu Lagerräumen umgebaut worden und im Dachgeschoss über den früheren Pferdeställen wurden ab 1942 Zwangsarbeiter untergebracht. „Man sagt, dass sich die Firma nach dem Krieg von dem Makel, ein Rüstungsbetrieb gewesen zu sein, nie wirklich erholte." Im Jahr 1957 meldete sie Konkurs an.

Viele Zeugnisse der einstigen Verzierungen sind mit der Zeit verloren gegangen, aber einige – wie die roten Türen – sind noch da und erinnern an herausragendes handwerkliches Können. Immer wenn es möglich ist, wirft Marita Filipowsky einen Blick in jene Höfe der *Roten Insel*, die ihr bislang noch nicht bekannt sind. Die Aussichten, dabei noch weitere verborgene Schätze zu heben, sind groß. Dass dort noch mehr Geschichten nur darauf warten, von ihr – oder uns? – entdeckt zu werden, ist so gut wie sicher.

So geht's zum Ornament:

Das Ornament mit den Buchstaben „M" befindet sich im Innenhof der Monumentenstraße 35 an einer der roten Türen.

Das war ein Stück Arbeit: Stefan Grell vor dem restaurierten Gerdeen-Mosaik.

03

Putzkeramik

Wiederentstandenes Unikat

Die zwei Frauen sind ganz und gar beschäftigt. Mit Lippenstift, Puder, Parfum, Spiegel und Nagellack entspannt auf dem Boden sitzend, zelebrieren sie ihre Schönheitspflege. Zeitlos schön: Das Mosaik im Eingangsbauwerk Ost des Bahnhofs Friedrichstraße ist ein Hingucker. Und ein echtes Unikat. Heute, in Zeiten schnelllebiger Reklame, ist kaum vorstellbar, dass es sich bei dieser kunstvollen Keramik um Werbung handelt. Zum Glück ist dieses zauberhafte Werk erhalten geblieben. Selbstverständlich war das nicht, denn als Restaurator Stefan Grell im Jahr 2000 den Auftrag zur Wiederherstellung übernahm, befand sich das rund 2,50 mal 1,50

Meter messende Kunstwerk in einem schlechten Zustand. „Die Gesichter der Figuren waren nicht mehr vorhanden und von der gesamten Fläche fehlten große Teile“, erinnert er sich. „Ich bekam einen Eimer mit bunten Keramikteilchen in die Hand gedrückt. Das war das, was von der linken Seite noch übrig war.“ Die Detektivarbeit konnte beginnen: Restaurator Grell begab sich auf Spurensuche. Irgendwo in den Archiven musste es doch Hinweise geben, wie das Mosaik einst ausgesehen hatte! Schließlich war es erst wenige Jahrzehnte alt, da sollte sich doch etwas finden lassen.

Das Gerdeen-Relief stammt aus dem Jahr 1958. „Künstlerin Gertrud Triebs hatte es entworfen, die Ausführung übernahm damals der Diplom-Keramiker Johann Kwederawitsch“, erzählt Stefan Grell von seinen Recherchen. „Neben den zwei sitzenden Figuren, die vom Stil her ägyptisch wirken, und einem Tischchen mit Kosmetika befand sich rechts der senkrecht angeordnete Firmenschriftzug – GERDEEN.“

Viel Recherche und am Ende Glück und Zufall halfen, die Putzkeramik originalgetreu restaurieren zu können.

Die Kosmetikfirma Gerdeen wurde 1947 gegründet. Die Ursprünge führen aber in das Jahr 1909 zurück, als der Zeitungsredakteur Karl Esslen (gest.1929) und die Brüder Paul (gest. 1935) und Walter Salzenbrodt mit dem Vertrieb von Lederölen begannen und recht schnell erfolgreich wurden. Ab 1914 vertrieb das Unternehmen Salzenbrodt & Co. das Schuh- und Lederpflegemittel Collonil – eine bis heute andauernde Erfolgsgeschichte. „Walter Salzenbrodts Tochter hieß Gerda“, erzählt der Restaurator, „und nach ihr ist die Kosmetikfirma benannt worden. Im Ostteil der Stadt gelegen, wurde sie jedoch enteignet und die Familie setzte sich nach Westberlin ab, wo sie den Betrieb neu aufzog. In der DDR wurde die Firma nun unter dem Namen VEB Gerdeen geführt und produzierte in Schildow bei Berlin das Kosmetiksortiment weiter. Irgendwann um 1972 wurde die Gerdeen-Werbung mit einer Plakatwand überdeckt und verschwand somit aus dem Bewusstsein."

Die zwei Schönen wurden erst 1995 wiederentdeckt, als im Bahnhof Friedrichstraße im Zuge der Sanierung das Unterste zuoberst gekehrt wurde. Da jedoch sahen sie bereits ziemlich mitgenommen aus. „Rund 30 Prozent der Fläche waren zerstört oder stark beschädigt", erzählt Stefan Grell. „Im Jahr 1998 wurde das Mosaik geborgen und in eine Werkhalle nach Berlin-Charlottenburg gebracht." Und dann begann die lange Recherche nach Bildquellen, die sich jedoch als erfolglos erwies. Wo immer der Restaurator auch forschte – es blieb schwierig. Die Spuren der Künstlerin hatten sich verloren und der damals noch lebende Keramiker besaß keine Vorlagen mehr. Reichsbahn-, Firmen-, BVG-Archiv… nichts und wieder nichts. „Bis ein Artikel in einer Berliner Tageszeitung im Dezember 2000 die Rettung brachte", berichtet Grell vom entscheidenden Durchbruch. „Danach stellte uns jemand ein Foto von 1959 zur Verfügung, das die Keramik im originalen Zustand zeigte." Sternstunden eines Restaurators.

„Bis ein Artikel in einer Berliner Tageszeitung im Dezember 2000 die Rettung brachte."

Die nun folgenden Feinarbeiten – das Wiedereinsetzen der noch vorhandenen Reste, das Nachbrennen der fehlenden Keramik, die plastische Ergänzung der Gesichter und schließlich das Anbringen am heutigen Platz – haben sich gelohnt.

Die zwei Schönen sehen einfach hinreißend aus. Und auch wenn es die Firma Gerdeen schon lange nicht mehr gibt: Die Liebe zu Lippenstift und Co, die ist unvergänglich. Und das Mosaik nun hoffentlich auch.

So geht's zur Putzkeramik:

Das Gerdeen-Mosaik befindet sich im Eingangsbauwerk Ost des Bahnhofs Friedrichstraße, direkt über dem U-Bahn-Eingang.

Gabriele Riess vor dem Haus, in dem sie seit Jahrzehnten wohnt und den Wandel des Quartiers hautnah erlebte.

04

Fassade

Bunter geht's nicht

Die ganze Welt befindet auf einer frisch sanierten Fassade in der Kreuzberger Falckensteinstraße – ziemlich bunt sieht das aus. Gabriele Riess erinnert sich allerdings auch gern an die vorherige Version der Bemalung – da war das Haus blau und gelb gestrichen und in der zweiten Etage direkt über dem Eingang stand *Hos geldiniz*, das ist türkisch und heißt *Willkommen*. Bunt und vielfältig ging es hier im Kiez schon immer zu, und damit ist nicht nur die Fassadenfarbe gemeint. Wobei für Nicht-Berliner gleich einmal eine Begrifflichkeit geklärt werden soll: Ein Kiez, das ist in Berlin Lebensgefühl, Zugehörigkeit, Heimat und manchmal auch ein bisschen Statussymbol, ein überschaubares Areal in der Millionenstadt, gern auch mit Kultcharakter. „Mein Kiez", das bedeutet, ein Zuhause in Berlin gefunden zu haben, und was das anbelangt, hat die Hauptstadt für jeden, aber auch wirklich jeden Geschmack etwas zu bieten.

Als Gabriele Riess im Jahr 1987 in die Falckensteinstraße zog, fühlte sie sich jedenfalls sofort zuhause. Das ist bis heute so, auch wenn sich über die Jahrzehnte nicht nur das Aussehen des Hauses, sondern auch der Blick von ihrem Balkon nahezu dramatisch verändert hat. „Ich hatte direkte Sicht auf die Grenzanlagen", erinnert sie sich. Wo heute die U-Bahnlinie 1 als Hochbahn über die Brücke bis zur Warschauer Straße in Friedrichshain rattert, stand damals die Mauer und es fuhr gar nichts. „Hier befand sich der über den Fluss führende Grenzübergang Oberbaumbrücke, der nur für Fußgänger gedacht war. Es war vollkommen ruhig, nahezu abgeschieden, und ich habe auf der Straße vorm Haus mit meinen Kindern Federball gespielt." Dazu kam zum einen die Lage am Wasser – Spree und Landwehrkanal – und zum anderen das Grün des weitläufigen Görlitzer Parks. Willkommen im berühmten Wrangelkiez!

Ruhe und Ballspiele sind hier heute undenkbar, denn neben der U-Bahn brausen Autos und Radfahrer in rasantem Tempo über die Oberbaumbrücke. In absehbarer Zeit wird sich noch eine Straßenbahnlinie dazugesellen. Und wer sich in Berlin die Nächte um die Ohren schlagen will, der kommt auch hierher. Neben der einstigen Westberliner Randlage, die Gabriele Riess noch kennengelernt hat, prägte auch ein besonderes Lebensgefühl diesen Kiez: Hier ist es multikulti und zwar schon seit der Mitte des 19. Jahrhunderts, als Berlin im Zuge der Industrialisierung enormen Zuzug erlebte. Die Ersten, die ihr Glück in der boomenden Stadt suchten, waren Schlesier mit deutschen Pässen und polnischer Muttersprache. Nicht ohne Grund heißt hier die U-Bahnstation „Schlesisches Tor". Die katholische Liebfrauenkirche in der Wrangelstraße öffnete 1905 ihre Pforten. Schon damals war die Gegend das, was heute ein „sozialer Brennpunkt" genannt wird. Zehntausende Zuwanderer brauchten Platz zum Leben. Der wurde mittels reger Bautätigkeit zwar geschaffen, aber die Wohnverhältnisse waren mehr als bescheiden: Einzimmerwohnungen ohne

Küche und Bad, stattdessen mit gemeinschaftlichen Kochstuben da, wo Seitenflügel und Quergebäude sich kreuzten. Toiletten gab es im Hof oder auf der halben Treppe.

Im Jahr 1910 war Kreuzberg zugebaut. Der Erste Weltkrieg (1914-1918) und die Weltwirtschaftskrise (1929) verschärften die Wohnsituation, denn die Häuser verfielen schrittweise und wurden nicht instandgesetzt. Der Arbeiterbezirk bekam im Zweiten Weltkrieg zwar nur wenige Treffer ab und die Bausubstanz wurde nicht zerstört, aber die Wohnbedingungen gestalteten sich weiterhin schwierig. Wer konnte, zog weg. Wer blieb, hatte nicht viel.

Ab 1964 strömte die nächste Einwanderungswelle herein, dieses Mal aus der Türkei. Mit dem Ende der 1970er-Jahre begannen die Hausbesetzungen und statt Abriss der maroden Bausubstanz wurde ihr Erhalt das Ziel. „Instandbesetzen" lautete die Devise und läutete städtebauliches Umdenken ein. „Heute ist eher die Gentrifizierung das Problem", erzählt Gabriele Riess und nennt als Beispiel das Haus neben dem ihren. „Hier war eine Fabrik für Metallfedern ansässig, das Haus steht nun leer und wird luxussaniert. Feine Penthouses mit Spreeblick entstehen." Dass das Viertel nun wieder in der Mitte Berlins liegt, merkt sie allerorten. An der Spree zu wohnen, ist verständlicherweise beliebt, und einige der alten, längst stillgelegten Industrieanlagen sind heute Hotspots der Berliner Partyszene. „Wir sind umgeben von Clubs", sagt die Körpertherapeutin, die ihre Praxis in den Räumen über ihrer Wohnung betreibt. „Wenn ich nachts auf dem Balkon bin, höre ich die Bässe dröhnen. Hier ist es wirklich lebendig." Allen Veränderungen zum Trotz, sie liebt es, hier zu wohnen.

Diese bunte Fassade steht für ein vielfältiges Lebensgefühl. Wer hier wohnt, bekennt sich dazu.

Dass sie ihrer Wohnung treu bleibt, hat jedoch noch einen anderen Grund, denn nicht nur der Wrangelkiez ist besonders, auch das Haus, in dem sie lebt, ist es.

„Im Jahr 1986 hat Ulf Mann, der Erbe eines Pharma-Unternehmens, dieses Haus geerbt, zusammen mit vielen Millionen D-Mark", erzählt sie. „Er wollte aber weder das Geld noch die Immobilie für sich haben, sondern sein Erbe dem Kampf gegen Armut und Unterdrückung zur Verfügung stellen." So sei die „Stiftung Umverteilen" gegründet worden, die sich seitdem in Afrika, Asien und Lateinamerika unter anderem für Menschenrechte, Frauenrechte und Umweltschutz einsetzt. Ebenso stehen Politische Bildung, nachhaltige Entwicklung und Friedensförderung, Forschung, Wissenschaft und Kulturaustausch auf der Agenda der Stiftung.

Auch im Haus selbst ist das besondere Gepräge zu spüren. „Die Mieten sind günstig, der Laden im Erdgeschoss war jahrzehntelang ein besonderer Treffpunkt. Frauen, linke Gruppen teilten sich die Räume und nebenan wurde in der Kneipe Ararat zu kurdischer Musik manchmal bis in die Nacht getanzt und gefeiert. Die Leute drängten sich bei Konzerten bis hinaus auf die Straße." Seit 2018 befindet sich nun der „M99 – Gemischtwarenladen für Revolutionsbedarf" im Haus. Kreuzberg eben, das gibt sich nicht mit 08 15-Shopping zufrieden.

„Frauen, linke Gruppen teilten sich die Räume und nebenan wurde in der Kneipe Ararat zu kurdischer Musik manchmal bis in die Nacht getanzt und gefeiert."

Die bunte Welt-Fassade ist nur das äußere Merkmal eines bunten Lebensgefühls. Kreuzberg, Wrangelkiez, SO 36, Moscheen neben Kirchen, Cafés neben Clubs, ein Haus in den Händen der gemeinnützigen Stiftung eines Mannes, der keine Millionen wollte … dieser Teil von Kreuzberg kann an wirklich jeder Ecke prallbunte Geschichte erzählen. Am besten hingehen, angucken und an-fühlen.

So geht's zur Fassade:

Die bunte Fassade schmückt das Haus in der Falckensteinstraße 46.

Will Geschichte erlebbar und sichtbar machen: Heimatforscher Christian Bormann am Pflasterweg der Elisabeth Christine.

05

Pflasterweg

Spur der Steine

Ein etwa 120 Meter langes Stück gepflasterter Weg weckt schon seit geraumer Zeit das Interesse von Christian Bormann, denn der Pankower Heimatforscher kommt an den steinernen Relikten seines Stadtteils einfach nicht vorbei. „Ich beschäftige mich seit vielen Jahren mit den archäologischen Resten, die sich hier in Schönholz ab circa 1660 bis heute quer durch die verschiedenen Epochen erhalten haben“, gibt er Auskunft über seine Leidenschaft. Und dieses spätmittelalterlich aussehende Stück Weg hinter dem Paul-Zobel-Sportplatz hat es ihm besonders angetan, schon weil es sein könnte, dass es sich um eines der ältesten, wenn nicht sogar *das* älteste Stück Pflasterweg in Pankow handelt. Wenn Steine doch nur reden könnten!

Auf einer alten Postkarte rund um 1880 hat er den Weg jedenfalls wiedererkannt. „Eine gepflasterte Allee reichte damals von Schloss Schönholz bis zum Schloss Charlottenburg", erklärt Bormann. Dass sie nun ausgerechnet hinter dem Sportplatz aus der Erde guckt, ist ein großer Glücksfall. „Ich kann mir vorstellen, dass die volle Länge der Allee noch unter der Erde steckt", vermutet er, der für seine Nachforschungen übrigens stets Unterstützung der zuständigen Ämter sucht. Denn einfach in der Schönholzer Heide herumbuddeln, ist natürlich nicht erlaubt. „Vieles ist im Lauf der Zeit ja auch überbaut worden, so ab 1880, als die Berliner Schützengilde ein Stück Land erwarb und ihr Schützenhaus auf dem ehemaligen Weg errichtete."

Belegt ist, dass es hier eine Maulbeerplantage gegeben hat, die keiner Geringeren als Königin Elisabeth Christine (1715-1797) gehörte, der Gemahlin Friedrichs des Großen (1712-1786) und ab 1740 Königin von Preußen. Glücklich war die Ehe der beiden bekanntermaßen nicht. Der König hegte kein sonderliches Interesse an seiner Frau, ihre Ehe blieb kinderlos. Elisabeth Christine residierte meist fernab von ihrem Mann im Schloss Schönhausen, das er ihr geschenkt hatte und selbst nicht ein einziges Mal betreten haben soll.

Wandeln auf alten Pfaden. Dieser Weg hat ein paar Jahrhunderte auf dem Buckel und gehörte einst zu einer Maulbeerplantage.

Die gebildete Frau widmete sich der Literatur und Übersetzungen – und sie legte in der heutigen Schönholzer Heide eine Maulbeerplantage an, um Seide gewinnen zu können. Ob sie es ihm zuliebe tat? Friedrich hatte sich nämlich zum Ziel gesetzt, Preußens Bedarf an dem edlen Stoff aus eigener Produktion zu decken, was allerdings trotz großer Bemühungen nicht gelang. Die ursprünglich aus China stammenden Seidenraupen benötigen für ihr Wachstum bis zur Verpuppung Maulbeerblätter, aber weder die Bäume noch die Raupen sind dem hiesigen Klima gut angepasst. Trotz aller Bemühungen blieb die preußische Seidenproduktion unter Friedrich II. im geringfügigen Bereich.

„Anfang der 1750er-Jahre soll die Plantage der Königin entstanden sein", sagt Christian Bormann. „Später siedelte sie hier Leineweber und Tuchmacher an. Seit 1791 nannte man die Kolonie dann Schönholz." Das sogenannte Schloss Schönholz sei eigentlich gar kein Schloss, sondern ein recht luxuriös ausgestattetes Planteurhaus gewesen, 1753 erbaut. „Es ist also denkbar, dass zu jener Zeit auch das Stück Pflasterweg zwischen dem Schloss Schönhausen und der Plantage angelegt wurde", nimmt der Heimatforscher an. Ob sich die Königin ihre Plantage wohl angesehen hat?

Im Juni 2021 wurde für Christian Bormann ein Wunsch wahr. Er durfte zusammen mit einem Mitstreiter nach der im Wald vermuteten Verlängerung des Pflasterwegs graben. „Tatsächlich verschwindet der Weg unter der Umgebungsmauer des Schützengeländes", freut er sich über die Bestätigung seiner Annahme. „Mit Hacke, Spaten und Handfeger schlugen wir uns durch die Büsche und fanden dabei nicht nur den verborgenen Pflasterweg, sondern auch zwei Platanen fielen uns auf, die den Weg links und rechts parallel begrenzen. Sie sind definitiv älter als 150 Jahre. Wie zwei Torwächter stehen sie da."

Christian Bormann hat einen Traum: Er würde gerne den gesamten Abschnitt des Pflasterweges im Bereich der Schönholzer Heide wieder freilegen und eine Schautafel vor Ort anbringen. Denn so ein Fundstück, so ein Stück Geschichte, das möchte er erlebbar machen. Dann wissen die Leute in Pankow, dass sogar ein eher unscheinbares Pflaster ein königlicher Pfad sein kann.

So geht's zum Pflasterweg:

Das Pflaster befindet sich hinter dem Paul-Zobel-Sportplatz in der Hermann-Hesse-Straße 80.

Kuppel

Der Himmel im Innern

Eine interessante Tatsache auf dem Jüdischen Friedhof in Weißensee ist, dass hier einige berühmte Architekten ihre Spuren hinterlassen haben. „Manche Grabmäler sind sozusagen Frühwerke von später sehr bekannt gewordenen Personen", erzählt Anja Pick und macht am größten und auffälligsten Grabmal Halt. Das Mausoleum für Anna Aschrott (1833-1890) stammt von Prof. Dr. Bruno Schmitz (1858-1916), der schon als Schöpfer mehrerer Denkmale bekannt war, als er es schuf. Unter anderem entwarf er das Kyffhäuserdenkmal, das Völkerschlacht-Denkmal in Leipzig und den Bismarckturm in Unna. Hier war es umgekehrt: Der Architekt war schon bekannt und der Textil-Unternehmer Sigmund Aschrott (1826-1915) war so vermögend, dass er sich einen berühmten Baumeister für das Grabmal seiner 1890 verstorbenen Frau leisten konnte. Nicht nur die Größe des Bauwerks aus rotem Granit lässt staunen, auch der Blick in die Kuppel tut das: Sie ist innen vergoldet. Einfach wunderschön sieht das aus – vier Davidsterne, durch die das Sonnenlicht einfällt, und in der Mitte die leuchtende Sonne selbst – wie ein strahlender, verheißungsvoller Himmel, der im Lauf des Tages verschiedene Lichtreflexe im Mausoleum malt.

Ursprünglich lebten Sigmund Aschrott, seine Frau und seine Kinder in Kassel. „Er war Erbe eines Tuchhändlers und brachte es mit der Fortführung des elterlichen Geschäfts in Kassel zu großem Wohlstand, den er vornehmlich – ebenso erfolgreich und mit großem Engagement für die Stadt Kassel – ins Immobiliengeschäft investierte", erzählt Anja Pick. „Trotz seiner Wohltätigkeit fand er in Kassel keine Anerkennung und zog mit über 70 Jahren nach Berlin um. Hier betrieb er seine Immobiliengeschäfte weiter, vor allem in Pankow, und erhielt letztlich entsprechende Anerkennung, indem er zum Königlich Preußischen Geheimen Kommerzienrat ernannt wurde." Seine geliebte Frau war zu der Zeit bereits tot, sie war 1890 in Wien gestorben, im Jahr 1894

Anja Pick führt regelmäßig über den Jüdischen Friedhof in Weißensee und macht dabei auch am größten Grabmal der Anlage Halt.

hatte Sigmund Aschrott ihre Umbettung nach Weißensee veranlasst. Nun ließ er ihr in den Jahren 1903-1904 das steinerne Andenken erbauen.

Anja Pick begegnet als Mitglied im Förderverein des Friedhofs vielen Menschen, die aus aller Welt kommen, um hier die Gräber ihrer Vorfahren zu suchen. Das 900 Bände umfassende Beisetzungsarchiv, das noch vollständig erhalten ist, hilft bei der Ahnenforschung weiter. „Ich hatte schon Tränen in den Augen bei so mancher Begegnung“, erzählt die Lehrerin. „Es ist sehr berührend, wenn Menschen auf ihre Wurzeln stoßen und wir ihnen dabei helfen können. Aber manchmal kommen Nachfahren auch auf seltsame Ideen. So war es mit den Verwandten Aschrotts, die sich in den Kopf gesetzt hatten, das Grabmal abreißen zu lassen, um die Granitblöcke verkaufen zu können. Das wurde von der Friedhofsverwaltung natürlich abgelehnt.“ Das Mausoleum kann nun dort stehen, wie es auf jüdischen Friedhöfen üblich ist: für die Ewigkeit.

Ein Himmel voller Gold: Das Mausoleum für Anna Aschrott birgt ein glitzerndes Geheimnis.

In Kassel ist Aschrotts Stadtteil heute eine begehrte Wohngegend. Und in Berlin staunen die Besucher des Jüdischen Friedhofs über das prächtige Mausoleum, auch wenn vielleicht nicht alle den goldenen Himmel im Innern entdecken.

So geht's zur Kuppel:

Die innen vergoldete Kuppel befindet sich auf dem Mausoleum für Anna Aschrott im Feld C2, Erbbegräbnis 435, auf dem Jüdischen Friedhof in Weißensee, Herbert-Baum-Straße 45.

Dr. Benjamin Kuntz vor dem Institut, in dem ein deutscher Lehrer und sein japanischer Schüler einst erste Erfolge im Kampf gegen Infektionskrankheiten erringen konnten.

07

Kirschbäume

Ein Gruß aus Fernost

Der Vorplatz des Robert Koch-Instituts am Weddinger Nordufer ist ein Superstar – jedenfalls gemessen daran, wie oft er in den letzten Jahren im Fernsehen zu sehen war. „Immer wenn in den Nachrichten die Corona-Zahlen eingeblendet wurden, erschien das Portal des Instituts im Hintergrund", sagt Dr. Benjamin Kuntz, der hier im Haus seinen Arbeitsplatz hat und nicht selten die Fernsehteams vor dem Gebäude beobachten kann. Ist ja auch ein spannender Ort, ob mit oder ohne Pandemie.

Über Robert Koch (1843-1910) ist viel erzählt, geschrieben und gefilmt worden, zu Recht. Der Mitbegründer der Bakteriologie hat, immer im Wettstreit mit seinem französischen Kollegen Louis Pasteur (1822-1895), den Weg frei gemacht für eine Vielzahl von Therapien gegen Infektionskrankheiten wie Tuberkulose und Diphtherie, die seinerzeit unzählige Menschen das Leben kosteten.

Auf dem Vorplatz des imposanten Gebäudes – im Jahr 1900 zog hier das 1891 gegründete „Königlich Preußische Institut für Infektionskrankheiten“ ein – fallen neben drei Glastafeln zwei zugemauerte Fenster am linken Flügel auf. Dahinter befindet sich das Mausoleum Robert Kochs – die marmorne Grabstätte des berühmten Forschers, der 1910 starb. Das gläserne Denkmal erinnert an die NS-Vergangenheit des Instituts, ein schwieriges Erbe, mit dem das RKI aber inzwischen offen und transparent umgeht. Doch was es mit den elf Kirschbäumen auf dem Platz auf sich hat, erschließt sich nicht unmittelbar. Abgesehen davon, dass sie in voller Blüte einfach zauberhaft aussehen, stehen auch sie nicht ohne Grund an diesem Fleck.

In voller Blüte besonders sehenswert – japanische Kirschbäume als Symbol der Verbundenheit zwischen dem Kitasato- und dem Robert Koch-Institut.

„Das hängt mit einer besonderen Partnerschaft zusammen“, erklärt Medizinhistoriker Kuntz, „und die ist vielleicht dann doch eher den Insidern bekannt.“

Höchste Zeit, davon zu erzählen: Von 1886 bis 1892 hatte Robert Koch nämlich einen ganz besonderen Schüler. Sein Name war Shibasaburo Kitasato (1853-1931), er stammte aus dem fernen Japan. Zusammen mit Emil von Behring (1854-1917) entwickelte Kitasato die Serumtherapie, die bis heute noch gebräuchliche Methode der passiven Immunisierung. Mit diesem Verfahren konnte auch der gefürchtete Wundstarrkrampf (Tetanus) bekämpft werden, dessen Erreger Kitasato zuvor in Reinkultur gezüchtet hatte. „Seine Entdeckungen gelten heute als Meilensteine der modernen Immunologie“, betont Benjamin Kuntz. „Robert Koch förderte seinen begabten Schüler und setzte sich dafür ein, dass er in Deutschland bleiben konnte. Kitasato ging dann auch mit Koch zusammen an das 1891 gegründete Institut für Infektionskrankheiten.“

Nachdem er 1892 nach Japan zurückgekehrt war, blieb der enge Kontakt erhalten: 1908 besuchte Robert Koch, zusammen mit seiner zweiten Frau Hedwig, seinen einstigen Schüler in Japan. „Die beiden Wissenschaftler hielten sich die Treue", beschreibt Benjamin Kuntz die besondere Beziehung. „Und das ging sogar über den Tod von Koch hinaus. Kitasato unterstützte aus der Ferne sowohl Kochs Witwe als auch die Arbeit des Instituts." Kitasato wurde in seinem Heimatland ebenfalls zu einer hoch verehrten Größe, seine Forschung wird am Kitasato-Institut in Tokio fortgeführt.

„Und das ging sogar über den Tod von Koch hinaus. Kitasato unterstützte aus der Ferne sowohl Kochs Witwe als auch die Arbeit des Instituts."

Beide Institute widmen sich der Arbeit, die ihre Begründer einst vorangebracht haben. „Die Gesundheit der Menschen zu schützen und zu verbessern, ist einst das große Ziel der beiden Forscher gewesen", fasst Kuntz zusammen, „und so ist es auch noch heute."

Das Robert Koch- und das Kitasato-Institut arbeiten, in der Tradition ihrer Gründer wirkend, weiterhin zusammen – und als Zeichen dafür stehen die japanischen Kirschbäume vor dem Hauptgebäude des RKI. Sie waren in den 1970er-Jahren das Geschenk einer Delegation des japanischen Instituts, das bis heute im engen Austausch mit Berlin steht.

Nicht nur wenn sie blühen, zeigen sie, dass Freundschaft, Kollegialität und eine Vision – einst und heute – hier im wahrsten Sinne des Wortes verwurzelt sind.

So geht's zu den Kirschbäumen:

Die elf Bäume stehen vor dem Hauptgebäude des Robert Koch-Instituts am Nordufer 20.

Rampe

Eiskalte Ernte

Die in den Tegeler See führende Schräge ist nicht zu übersehen, allerdings wird sich kaum jemand Gedanken darüber machen, wozu sie einst angelegt wurde. Die Vorstellung, dass es sich um eine Rampe für Boote handelt, liegt natürlich nahe, aber Meinhard Schröder, der sich seit Jahren mit Tegeler Heimatgeschichte befasst, hat etwas ganz anderes herausgefunden. „Das hier ist ein Eiswerkhafen", sagt er – und schon entstehen erst einmal mehr Fragen als Antworten. Was mag das wohl sein?

Ja, es gab sie, die Zeit, als es im Winter noch knackig kalt wurde und die Seen in Berlin unter einer dicken Eisschicht lagen. „Das natürliche Eis war ein begehrtes Gut", erzählt Schröder, „Haushalte, Gastwirte, vor allem aber Brauereien … alle wollten Eis." Es versteht sich, dass wir von einer Zeit reden, als es noch keine bequeme Art der Kühlung durch elektrische Kühlschränke gab. „Kühlschränke wurden damals mit Eisbrocken auf Temperatur gehalten. Es lagerte in Schuppen oder Kellern, bis es benötigt wurde. In alten Berliner Wohnungen findet man heute in der Nähe der Küchenfenster manchmal noch Ablaufrinnen für das Schmelzwasser."

Doch zuvor musste das begehrte Gut geerntet und an Land gebracht werden. „Ab 1894 wurde das Natureis hier professionell aus dem See geholt", erklärt Meinhard Schröder. Kleinere Mengen habe man einfach losschlagen und auf Pferdewagen packen können. „Aber die Tegeler Crystall Eiswerke, die hier das Eis ernteten und nicht weit vom Seeufer in einem riesigen Schuppen lagerten, hatten natürlich einen größeren Bedarf. Sie lösten das Eis mit Sägen, die dicken Brocken wurden mit Stangen durch einen Kanal vorwärts geschoben und dann auf der schrägen Rampe hier an Land gezogen und eingelagert", beschreibt er den Vorgang. Die Brocken hielten, gut isoliert, bis in den Sommer hinein. Die Eiswerke gehörten zuerst zu einer Brauerei, später gab es einen Besitzerwechsel.

Meinhard Schröder kann erklären, was es mit der eher unscheinbaren Rampe auf sich hat.

Der Betrieb lief bei weitem nicht immer störungsfrei. Es habe Unfälle gegeben, wie zum Beispiel im Jahr 1904. „Einer der Arbeiter, die das Eis im Kanal vorwärtsbewegen sollten, war übermütig und sprang auf den Schollen herum", berichtet Meinhard Schröder. Eigentlich sei das verboten gewesen. „Der Mann glitt aus und fiel in den See. Und obwohl er schnell geborgen wurde, war er bereits tot."

Richtig schlimm wurde es am 21. Juni 1906. Da gab es im zweistöckigen massiven Eis-Lagerraum ein großes Feuer. Brandursache soll eine Ätherlampe gewesen sein. Die Holzwände des mit Rohr isolierten Schuppens fingen Feuer und das gesamte Bauwerk brannte ab. Auch das nebenan gelegene Restaurant „Strandschloss" wurde in Mitleidenschaft gezogen. Auch der daraufhin errichtete Neubau brannte im Jahr 1912 völlig nieder, dieses Mal hatte ein Kurzschluss in der Elektrik für die Katastrophe gesorgt. Erneut wurde alles wiederaufgebaut.

Warum es dann zum endgültigen Aus für das Eiswerk kam, ist klar. „Ab den 1920er-Jahren gab es elektrische Kühlschränke und Kühlanlagen", sagt Meinhard Schröder und fügt hinzu: „1926 wurden die Crystall Eiswerke Tegeler See aus dem Handelsregister gelöscht." Das Gebäude diente von da an als Bootsschuppen, im Zweiten Weltkrieg wurde es zerstört.

„1926 wurden die Crystall Eiswerke Tegeler See aus dem Handelsregister gelöscht."

Nun erinnert nur noch die in den See führende schräge Rampe daran, dass hier vor langer Zeit Eis geerntet wurde.

So geht's zur Rampe:

Der einstige Eiswerkhafen befindet sich an der Greenwichpromenade, von der Wilkestraße kommend auf der rechten Seite.

Renate Buhren auf der Brücke mit den Markierungen des einstigen Grenzübergangs.

09

Fahrbahnmarkierungen

Spuren am einstigen Grenzübergang

„Also, das hier ist quasi die Autobahn", sagt Renate Buhren und zeigt auf einen rechts und links von Wald flankierten Weg. Ah ja, das sieht man doch auf Anhieb: ein breiter Sandweg, Vogelgezwitscher und Wildblumen am Rand – schön! Und kein Auto weit und breit. Fakt ist: Hier fährt und bremst außer Radfahrern schon lange niemand mehr. Und dass hier einst eine Autobahn gewesen sein soll, ist erst recht schwer vorstellbar. Oder doch? Die Natur ist, wenn sie darf, meisterlich im Relikte verstecken, aber eine Brücke über den Teltowkanal hat sie ausgelassen. Auf dieser Brücke befinden sich tatsächlich Reste einer alten Straße und, um es noch spannender zu machen, auch besondere Fahrbahnmarkierungen: Sie zeugen davon, dass hier nicht einfach nur eine x-beliebige Straße entlangführte.

Wir befinden uns im Südwesten Berlins. „Hier an dieser Stelle lag bis 1969 der *Checkpoint Bravo*", erklärt Dokumentarin Renate Buhren. „Im Gegensatz zum Touristenmagneten Checkpoint Charlie in Mitte ist dieser einstige Grenzübergang in Vergessenheit geraten, dabei ist es wirklich ein ganz besonderer Ort." Schon allein seine geografische Lage zu betrachten, lohnt sich. Wer einen Blick auf den ehemaligen Mauerverlauf wirft, sieht im Südwesten, also da, wo Westberlin an das Potsdamer Gebiet grenzte, einen schmalen Zipfel, der einst mitten ins DDR-Gebiet hineinragte. Das ist Albrechts Teerofen – der Name weist darauf hin, dass hier einst Pech und Teer aus Kiefernharz hergestellt wurden – und durch diese kleine Siedlung führte die 1940 gebaute Reichsautobahn hindurch. Nach dem Krieg und in Folge der deutschen Teilung sah es wegen dieser besonderen Lage nicht gut für die Ortschaft aus, denn sie wurde fortan von Grenzanlagen geprägt. Bereits 1949 richteten die Sowjets den Kontrollpunkt *Nowawes* ein, später folgte genau hier der amerikanische Kontrollpunkt Checkpoint Bravo. Die Anlagen erhielten den Namen *Grenzübergangsstelle Drewitz*. „Man muss sich das so vorstellen: Wer Westberlin auf der Autobahn gen Süden verließ, fuhr zuerst ein kleines Stück durch DDR-Gebiet, kam zum Grenzübergang Drewitz, fuhr erneut ein kurzes Stück durch Westberlin, um es ein paar Meter hinter dem amerikanischen Kontrollpunkt wieder zu verlassen", beschreibt Renate Buhren die Besonderheit des Ortes und verweist auf die alten, aber noch gut lesbaren Fahrbahnmarkierungen und -beschriftungen: *PKW* steht

Hier flatterten einst die Fahnen der Alliierten im Wind, ein paar Meter weiter ging es auf das Gebiet der DDR.

auf der linken Fahrspur, *LKW* und *BUS* auf der rechten, getrennt durch einen weißen Streifen.

„Es war diese unübersichtliche Situation vor Ort, die die DDR bewog, Ende der 1960er-Jahre den Grenzübergang zu verlegen", erklärt sie weiter. Der entstehende Übergang – samt neuer Autobahn und Brücke über den Teltowkanal – behielt den Namen Drewitz, obwohl er in Kleinmachnow lag. Die Kontrollpunkte in Albrechts Teerofen verschwanden, die nun nutzlos gewordene Brücke wurde von DDR-Seite mit Mauerteilen verrammelt, auf West-Berliner Seite entstand ein Campingplatz. Auch die alte Autobahn hatte ausgedient, blieb jedoch bis in die 1990er-Jahre erhalten. Erst dann wurde im Zuge des Ausbaus der A 115 der Belag entfernt und dort weitergenutzt. „Die Betonplatten wurden mit Presslufthämmern abgetragen und anschließend Erde aufgeschüttet", sagt Renate Buhren. „Die Platten wurden zu Schotter verarbeitet und für die einige hundert Meter entfernte A115 genutzt."

„Es war diese unübersichtliche Situation vor Ort, die die DDR bewog, Ende der 1960er-Jahre den Grenzübergang zu verlegen."

Seitdem darf sich hier die Natur entfalten, die vom Asphalt befreite Autobahntrasse dient jetzt Fahrradfahrern und Wanderern zur Naherholung. An die Grenzanlagen erinnern neben der Fahrbahnbeschriftung nur noch drei Masten, an denen einst die Fahnen der Alliierten im Wind wehten. Auch das Gebäude der alten *Raststätte Dreilinden* steht noch, befindet sich allerdings in einem beklagenswerten baulichen Zustand. Renate Buhren findet das bedauerlich, denn hier könnte Geschichte anschaulich vermittelt werden – inmitten von fröhlich wucherndem Grün und Vogelgezwitscher. Und noch dazu ohne Touristenmassen.

So geht's zu den Fahrbahnmarkierungen:

Die Reste des einstigen Grenzübergangs befinden sich im Berliner Stadtteil Wannsee auf dem Gebiet von Albrechts Teerofen.

Löwe

Großes Tier für großen Nationalstolz

Hinter der Namensgebung einer schicken Villenkolonie am westlichen Wannsee-Ufer versteckt sich ein spannendes Stück preußische Geschichte. Was diese wiederum mit einem prächtigen Löwen aus Zink, der majestätisch am Ufer des Sees thront, zu tun hat, kann Christoph Markschies erzählen. Der evangelische Theologe, Professor für Antikes Christentum und amtierende Präsident der Berlin Brandenburgischen Akademie der Wissenschaften ist in Berlin-Zehlendorf, zu dem der an Potsdam grenzende Stadtteil gehört, geboren und aufgewachsen. Zauberhaft schön ist es heute hier, inmitten von Wald und Wasser, und ist es immer gewesen. Weshalb die Idee, an diesem Platz eine Villenkolonie zu errichten, ziemlich nahelag. Warum sie allerdings nach der dänischen Ostseeinsel Alsen benannt wurde, ist schon weniger klar, denn Gemeinsamkeiten zwischen Ostsee und Wannsee lassen sich nur mit sehr viel gutem Willen erkennen.

Aber tatsächlich hat die Insel in der südlichen Ostsee eine Menge mit Deutschland zu tun, genauer gesagt: mit Preußen und den Schlachten des Deutsch-Dänischen Krieges im Jahr 1864. Und damit, dass Schleswig-Holstein lange ein Zankapfel zwischen Preußen und Dänemark war. Um die Mitte des 19. Jahrhunderts war nämlich in Schleswig und Holstein eine recht komplizierte Gemengelage entstanden. „Das hing mit Schleswig-Holsteins staatsrechtlicher Stellung zusammen", erklärt Christoph Markschies. „Das Herzogtum Holstein gehörte einerseits zum Deutschen Bund, andererseits aber auch zum Dänischen Gesamtstaat. Schleswig wiederum gehörte zu Dänemark, war aber in einer Union mit dem deutschen Holstein verbunden – *up ewig ungedeelt* (auf ewig ungeteilt) – was der dänische König im Ripener Vertrag von 1460 vertraglich garantiert hatte."

Sowohl in Deutschland als auch in Dänemark erwachte im 19. Jahrhundert der Nationalismus, die Dänen hätten gern Schleswig nach

Der Löwe am Wannsee ist ein Zinkabguss des Originals von 1862.

Dänemark geholt und es somit von Holstein abgesondert. Den Schleswig-Holsteinern gefielen diese Pläne nicht, und sie erhoben sich. Das war im Revolutionsjahr 1848. Preußische Truppen kamen den Aufständischen zu Hilfe. Woraufhin England und Russland sich einschalteten, weil sie im Falle eines Sieges der Aufständischen eine deutsche Großmacht an der Ostsee befürchteten. Sie zwangen Preußen zum Rückzug und zur Aufgabe der Herzogtümer. Für die Schleswig-Holsteiner war das eine schwere Schlappe, und schließlich unterlagen sie am 25. Juli 1850 bei Idstedt in einer großen Schlacht mit tausenden Toten den Dänen. Die um ihre Eigenständigkeit kämpfenden Schleswig-Holsteiner gerieten somit erneut in den Verband des dänischen Gesamtstaates. In den Londoner Protokollen von 1852 wurde jedoch festgelegt – besonders Preußen und Österreich bestanden darauf – dass die Herzogtümer Schleswig und Holstein innerhalb des dänischen Gesamtstaates selbstständig blieben.

Nun kommt der riesige Löwe ins Spiel – ein Werk des Bildhauers Herman Wilhelm Bissen (1798-1868). „Er wird oft Flensburger Löwe genannt, aber eigentlich ist es der Idstedter Löwe", erklärt Christoph Markschies, „denn der Bildhauer schuf ihn zur Erinnerung an jene Schlacht bei Idstedt. Zwölf Jahre nach dem Sieg der Dänen wurde der Löwe, als Symbol ihres Sieges, in Flensburg aufgestellt."

„Er wird oft Flensburger Löwe genannt, aber eigentlich ist es der Idstedter Löwe."

Im Verlauf der Geschichte kam jedoch keine Ruhe in die deutsch-dänischen Angelegenheiten. Denn die Kräfte, die sich wünschten, die dänische Grenze nach Süden bis zur Eider auszudehnen, das Herzogtum Schleswig einzuschließen und das zum Deutschen Bund gehörende Holstein von diesem abzusondern, blieben stark und setzten sich schließlich durch. Mit der *Novemberverfassung* von 1863 sollte die verfassungsrechtliche Anbindung Schleswigs an Dänemark festgeschrieben werden. Somit brach Dänemark die Londoner Protokolle von 1852.

Preußen und Österreich reagierten umgehend und marschierten in Holstein und Lauenburg ein. Zudem stellten sie Dänemark ein Ultimatum, die Verfassung zurückzunehmen. Als das nicht geschah, entbrannte zu Beginn des Jahres 1864 der Deutsch-Dänische Krieg. Dieses Mal hatten die Deutschen die Nase vorn und eroberten im April 1864 die Düppeler Schanzen und im Juli schließlich die Insel Alsen, was den endgültigen Sieg Preußens markierte. „Im Wiener Frieden vom 30.10.1864 wurden nun Schleswig, Holstein und Lauenburg Preußen und Österreich zur gemeinsamen Regierung unterstellt“, führt Christoph Markschies aus.

Der bronzene Idstedter Löwe in Flensburg sah die Veränderungen ungerührt mit an, aber die Flensburger mochten das Symbol der ungeliebten dänischen Vorherrschaft nicht. Sie versuchten, ihn im Februar 1864 vom Sockel zu kippen – was bei einem tonnenschweren Denkmal kein leichtes Unterfangen war, beschädigt wurde der Löwe allerdings. Reichskanzler Otto von Bismarck (1815-1898) beschloss daraufhin, ihn nach Berlin zu holen und – wenn er schon einmal dabei war – seine Bedeutung einfach umzudrehen: Fortan galt er als Sinnbild des Sieges von Preußen über Dänemark. „Ab 1868 stand die Trophäe vor dem Zeughaus in Mitte, zehn Jahre später zog sie nach Lichterfelde in die dortige Kadettenanstalt um“, sagt Christoph Markschies.

Prof. Christoph Markschies, Theologe und Präsident der Berlin Brandenburgischen Akademie der Wissenschaften weiß, was es mit dem prächtigen Löwen am Wannseeufer auf sich hat.

Zurück zum Wannsee: Ein paar Jahre vor dem Sieg Preußens in Dänemark war mit der Errichtung der Villenkolonie des Bankiers Wilhelm Conrad (1822-1899) begonnen worden. „Sein Schwager hatte am Krieg teilgenommen und war bei der Eroberung Alsens dabei gewesen, deshalb beschloss der erklärte Patriot Conrad, seine Kolonie *Alsen* zu nennen. Und weil er den preußischen Prinzen Friedrich Karl, der den Oberbefehl bei der Erstürmung der Düppeler Schanzen gehabt hatte, sehr verehrte, wurde der dazugehörige Forst gleich noch Düppel genannt.“ Fehlte als

I-Punkt noch ein passendes heroisches Denkmal. Und wer konnte Preußens Glorie königlicher verkörpern als der frisch umgewidmete Löwe? Kurzerhand ließ Conrad eine Zinkkopie anfertigen und auf einer Anhöhe in seiner Kolonie aufstellen. Ab 1874 schauten in Berlin nun gleich zwei Löwen erhaben von ihren Sockeln, allerdings war die Reise des einen noch immer nicht zu Ende, denn tatsächlich beschäftigten sich nach dem Zweiten Weltkrieg die Alliierten mit dem Denkmal. „Das Original trat also erneut eine weite Reise an", erklärt Theologe Markschies, „dieses Mal ging es nach Kopenhagen. Die Amerikaner hatten veranlasst, dass die Dänen den Löwen zurückbekamen."

Die Kopie am Wannsee war eine Zeitlang in Vergessenheit geraten, sie befand sich weiterhin auf der Anhöhe, jedoch in einem schlechten Zustand. 1938 wurde der Löwe an seinen heutigen Standort versetzt, 2005 restauriert, sodass die Vorübergehenden dem Prächtigen heute bewundernde Blick zuwerfen können.

Ende vom Lied: Aus der Kolonie Alsen erwuchs der heutige Stadtteil Wannsee, Düppel heißt immer noch Düppel, die Insel Alsen gehört wieder Dänemark und die beiden Löwen sind auch noch da. Das Original wurde schließlich im Jahr 2011 von Kopenhagen zurück nach Flensburg gebracht, wo den Löwen ganz sicher niemand mehr vom Sockel stoßen möchte, weil er heute ein Symbol der Freundschaft zwischen den Ländern ist. Und: Er kann Geschichte(n) erzählen.

So geht's zum Löwen:

Der Löwe befindet sich am Ufer des Großen Wannsees in unmittelbarer Nachbarschaft zum Haus der Wannseekonferenz Am Großen Wannsee 56-58.

Seit Stefan Grell den baulichen Zustand einiger Gebäudeteile vor deren Sanierung untersuchte, weiß er um die Relikte unter dem Beton.

11

Betonpfeiler

Unsichtbar gemacht

Der schmale Spalt und die unterschiedlichen Farben verraten es – die beiden wuchtigen Pfeiler am Eingang zum Bundesarchiv sind nicht aus einem Guss. Und wer sich, wie Restaurator Stefan Grell, mit Baumaterialien auskennt, sieht auch auf Anhieb, dass hier *zwei* Werkstoffe eingesetzt wurden: Granit und Beton. Der kleinere Abschnitt, der etwa ein Drittel der jeweiligen Gesamtfläche ausmacht, versteckt etwas – zwei Relikte, die zur Geschichte des beschaulichen Villenviertels Lichterfelde West gehören: Von 1933 bis 1945 hatte hier die „Leibstandarte SS Adolf Hitler" ihren Sitz. Dabei handelt es sich um einen Teil der

Geschichte der Liegenschaft, wobei insgesamt die militärische Nutzung für lange Zeit die Hauptrolle spielte.

Der Reihe nach: Im Jahr 2011 erhielt Stefan Grell den Auftrag, den baulichen Zustand des Hauptgebäudes der ehemaligen „Hauptkadettenanstalt" in Lichterfelde West zu untersuchen. Auf einem Lift stehend, konnte der Restaurator die einzelnen Fassadenteile begutachten, die anschließende Sanierung war das Ziel der Maßnahme. Bei jedem Objekt, dessen Betreuung der Restaurator übernimmt, wird die Historie des Ortes Teil seiner Arbeit. Besuche in Archiven gehören genauso dazu wie der Umgang mit den verschiedenen Materialien, seien es nun Glas, Stein, Keramik, Beton oder Holz.

Die aus Granit gehauenen Figuren, die zur Zeit des Nationalsozialismus den Eingang der Kaserne flankierten, sind seit 1945 mit Beton ummantelt.

„Das heutige Bundesarchiv hat eine lange, bewegte Geschichte hinter sich", erklärt er, „in der Jahren 1871 bis 1878 wurde die Hauptkadettenanstalt von den Architekten Fleischinger, Voigtel und Bernhard errichtet." Kaserne, Lazarett, Speisesäle und Pferdeställe – eine abgeschlossene Welt, in der fortan rund 1.000 Jungen ab dem Alter von 14 Jahren für eine militärische Laufbahn gedrillt wurden. Lichterfelde erlebte durch die damals sehr renommierte Anstalt einen enormen Aufschwung. Ab 1878 thronte im Kasernenhof übrigens der Idstedter Löwe, dessen Geschichte wir im Kapitel „Löwe" erzählen. Das Ende des Kaiserreichs und die Auflagen des Versailler Vertrages bedingten die Auflösung der Kadettenanstalt im Jahr 1920 – das preußische Militär hatte ausgedient.

Für wenige Jahre wurden die Gebäude als „Realgymnasium für Jungen“ einer zivilen Nutzung zugeführt, bis im April 1933 die „Leibstandarte SS Adolf Hitler“ hier einzog. Zahlreiche Umbauten erfolgten. „Die vorhandenen Gebäude wurden größtenteils weitergenutzt, jedoch von 1937 bis 1938 um Torbauten, Wirtschaftsgebäude, Rüst- und Kleidermagazine und einen gewaltigen Aufmarschplatz erweitert“, erzählt Stefan Grell. Den Eingang zum Gelände prägten fortan zwei klotzige, übermannshohe SS-Rottenführer aus Granit, das Hauptgebäude ein steinerner Adler. „Zur gleichen Zeit ist die Schwimmhalle an der Westseite des Gebäudeensembles erbaut worden, damals eins der größten und modernsten Hallenbäder Europas mit 50 Meter langen Becken und 25 Metern Breite.“

Im Juli 1945 übernahmen die Amerikaner das im Krieg stark zerstörte Gelände, die Kasernen der „Andrew Barracks“ entstanden, 1953 kam die „Andrew Chapel“ dazu. Der Adler verschwand spurlos. Ebenso die grimmigen SS-Männer, wobei diese nicht spurlos verschwanden. Dass sie noch vorhanden sind, bezeugen und verbergen gleichermaßen ebenjene zweifarbigen Pfeiler am Haupteingang zum heutigen Bundesarchiv. „Die beiden Figuren sind einbetoniert worden“, kann Stefan Grell den entscheidenden Hinweis geben. Auf alten Fotos sei zu sehen, dass dies relativ bald geschah, nachdem das US-Militär die Liegenschaften übernommen hatte. Und so ist es bis heute.

Wer einen Blick auf das nationalsozialistische Kunst- und Schönheitsverständnis werfen möchte, kann sich die nackten Figuren neben den beiden Türen des sanierten Schwimmbads ansehen, und im Bundesarchiv können Interessierte zur Zeitgeschichte forschen. Denn die Spuren vergangener Zeiten, auch oder gerade die der schwierigen, erweitern den Blickwinkel der Nachfahren!

So geht's zu den Betonpfeilern:

Die Pfeiler aus Granit und Beton befinden sich am Eingangsbereich des Bundesarchivs in der Finckensteinallee 63.

12

Bahnsteigfragment

Wahrlich bewegte Vergangenheit

Auf Bahnhöfen wird Geschichte geschrieben. Nicht ohne Grund wiederholt sich in Filmen diese typische Szene: Er oder sie steigt in den Zug, einen Koffer in der Hand, Schwermut im Blick. Der Platz im Abteil wird eingenommen, das Fenster herunter geschoben – geht bei modernen Zügen natürlich nicht mehr – die Hand nach den Zurückgelassenen auf dem Bahnsteig ausgestreckt. Ein sehnsüchtiger Blick, ein letztes Wort. Der Schaffner pfeift, die Räder des Zuges setzen sich in Bewegung, drehen sich immer schneller. Hände können sich nicht länger berühren, doch er oder sie läuft noch ein Stück den Bahnsteig entlang, schaut dem Zug nach, bis der und mit ihm der geliebte Mensch den Blicken endgültig entschwunden ist. Genau solche Szenen haben sich am Bahnhof Lichterfelde West zuhauf zugetragen. Dazu noch Weltpolitik, Brandstiftung, Verfall und Wiederaufbau: Bahnhofsgeschichten sind wirklich nicht langweilig.

Harald Hensel und sein Team vom Förderverein Bürgertreffpunkt Bahnhof Lichterfelde West e.V. haben es sich zur Aufgabe gemacht, all die Lichterfelder Bahnhofsgeschichten zu bewahren. Dem schmucken Bahnhofsgebäude sieht man seine bewegte Vergangenheit nämlich nicht mehr an. Nur ein etwas abseits gelegener Rest der Überdachung eines Bahnsteigs erzählt von einer besonderen Nachbarschaft des am 15. Dezember 1872 eröffneten Bahnhofs.

„Nach Kriegsende, genauer gesagt seit Dezember 1947, benutzten die Amerikaner den Bahnhof Lichterfelde West als Militärbahnhof", erklärt Harald Hensel, der in Lichterfelde West aufgewachsen ist und viele Ereignisse rund um das Areal mit eigenen Augen gesehen hat. „Ein Teil des schon vorhandenen Güterbahnhofs an der Hans-Sachs-Straße wurde fortan sowohl für den amerikanischen Güter- als auch für den Personenverkehr genutzt." Das zuerst in Wannsee ansässige Rail Transportation Office (RTO) wurde ebenfalls nach Lichterfelde-

Harald Hensel, der als Kind wegen der Süßigkeitenautomaten gern hierherkam, hilft heute mit, die spannende Geschichte des Areals zu bewahren.

West verlegt. Und so blieb das bis zum Abzug der Amerikaner im Jahr 1994.

Der Bahnhof war strategisch günstig im amerikanischen Sektor Berlins gelegen. „Hier lagen im Umkreis von nur einem Kilometer jede Menge US-Truppen-Einrichtungen, wie die Kasernen an der Finckensteinallee, am Gardeschützenweg und an der Goerzallee und nicht zuletzt das Hauptquartier der Streitkräfte an der Clayallee und das Militärkrankenhaus“, erinnert sich Hensel. „In Lichterfelde waren wir fortan an den Verkehr von amerikanischen Fahrzeugen gewöhnt, sei es nun auf der Schiene oder in den Straßen. Güterzüge, Personenwagen, die sogenannten Duty-Trains und nicht zuletzt Panzer. Wir Kinder waren ziemlich fasziniert davon.“

Die Berliner S-Bahn hielt schon jahrzehntelang in Lichterfelde West, für die Duty-Trains jedoch wurde ein eigener Bahnsteig gebaut. Wo heute nur noch der zirka zwanzig Meter lange Rest Überdachung steht, ging es einst sehr lebendig zu. „Wenn Züge ein- oder abfuhren wurde hier Marschmusik gespielt, aus Lautsprechern, aber manchmal auch von einer Militärkapelle. Fähnchen flatterten im Wind, hin und wieder wurden Panzer entladen. Das war spannend, aber das Allerbeste für uns Kinder war die Wartelounge.“ Harald Hensel erzählt es mit einem Lächeln auf den Lippen. Natürlich war der Wartebereich den amerikanischen Reisenden vorbehalten, aber die Berliner Jungs und Mädchen verstanden es, sich Zugang zu verschaffen, denn im Innern befand sich das Ziel ihrer Träume: Automaten. „Sowas kannten wir ja gar nicht“, erklärt der Lichterfelder, „Eis und Getränke auf Knopfdruck. Das war Faszination pur. Nur an die dafür benötigte Währung, die Quarter-Dollar-Coins, zu gelangen, war nicht einfach, aber wir ließen uns was einfallen.“ Als Dank für kleine Botengänge oder Koffertragen wanderte so manche Viertel-Dollar-Münze in die Hände der Kinder und anschließend in die Automaten.

„Wenn Züge ein- oder abfuhren wurde hier Marschmusik gespielt, aus Lautsprechern, aber manchmal auch von einer Militärkapelle.“

Das Nebeneinander von Deutschen und Amerikanern gestaltete sich zunehmend freundlich, auch Liebesgeschichten zwischen G.I.s und den deutschen jungen Frauen blieben nicht aus. Ohne die zu erzählen, wären die Lichterfelder Bahnhofsgeschichten wohl unvollständig. Hensel hat sich einige davon angehört. „Da waren zum Beispiel Ingrid und David, deren zarte Liebe im Jahr 1955 ihr Ende fand, als er in den Zug nach Bremerhaven stieg, von wo aus ihn ein Schiff zurück in die Staaten brachte. Ingrid hat ihre erste Liebe nie vergessen." Wie oft mögen wohl junge Frauen mit Tränen in den Augen den abfahrenden Zügen nachgelaufen sein?

In gewisser Weise traurig gestaltete sich auch das Schicksal des nebenan gelegenen S-Bahnhofs. Nach Kriegsende wurde die Deutsche Reichsbahn (DR) von den Siegermächten verpflichtet, den Berliner Verkehr in Betrieb zu nehmen. So weit, so gut – jedenfalls bis sich die politischen Verhältnisse immer mehr verschärften. Die Reichsbahndirektion saß in Ostberlin. Als 1949 die Bundesrepublik und wenig später die DDR gegründet wurde, standen die Bahn-Beschäftigten im Westteil der Stadt vor einem Dilemma: Sie waren als Westberliner und Westberlinerinnen einem Ost-Betrieb unterstellt. Ab 1953 wurden die meisten Liegenschaften in West-Berlin zwar dem West-Berliner Senat unterstellt, das galt jedoch nicht für das Schienennetz der S-Bahn. Selbiges unterstand weiterhin der Reichsbahndirektion in Ost-Berlin, was teilweise bizarre Auswirkungen hatte. So wurden auf Westberliner S-Bahnhöfen kommunistische Zeitungen ausgehängt und an Ostberliner Feiertagen fuhren die Züge mit DDR-Fahnen geschmückt durch den Westteil.

Spuren der Vergangenheit – nur ein Stück Überdachung erinnert noch an den einstigen amerikanischen Militärbahnhof.

Richtig dramatisch wurde die Lage jedoch nach dem Mauerbau. Die S-Bahn in West-Berlin wurde zum Politikum. Die Westberliner boykottierten die Züge, was zum einen zu einem drastischen Rückgang der Fahrgastzahlen führte und zum anderen zum immer stärkeren Verfall der Bahnanlagen und Bahnhöfe. Davon blieb auch Lichterfelde-West nicht verschont. Personal vor Ort wurde eingespart und der Wartesaal geschlossen, die Toilette auf dem Bahnsteig verfiel. Dass es nicht noch schlimmer wurde, war wohl der Existenz des benachbarten RTO zu verdanken.

In der Folge kam es, neben immer wiederkehrenden Sachbeschädigungen an den Anlagen und Zügen der Deutschen Reichsbahn, zu zwei einschneidenden Ereignissen: Am 20. Juli 1962 explodierten um 22.40 Uhr während der Einfahrt eines Zuges am nahen Bahnhof Botanischer Garten zwei Sprengkörper. Glücklicherweise kamen keine Personen zu Schaden, aber das Ereignis dürfte dem Ansehen der S-Bahn weiteren Schaden zugefügt haben. Und schließlich kam es für den Bahnhof in Lichterfelde West doch noch schlimmer: Am 9. Juli 1965 brannte ein großer Teil des Empfangsgebäudes ab. Auch wenn die Brandursache nie vollständig geklärt wurde, gab es einige Hinweise, die auf Brandstiftung hindeuteten. Bis 1984 vergammelten die verkohlten Reste Gebäudes, nur das Rail Transportation Office und der Güterbahnhof waren noch in Betrieb, nachdem schließlich der Personenverkehr auf der Strecke von Wannsee in die Mitte Berlins nach einem Streik im Jahr 1980 zum Erliegen gekommen war.

Heute sind die Spuren dieser bewegten Zeiten nicht mehr zu erkennen. Der Bahnhof ist liebevoll nach historischem Vorbild restauriert. Die S-Bahn hält im Zehn-Minuten-Takt. Leute strömen raus und rein. Die Gebäude des einstigen RTO sind aber bis auf den Rest der Überdachung längst abgerissen – hier befindet sich jetzt unter anderem ein Bio-Supermarkt – und nur die älteren Lichterfelder hören im Geist noch die immer gleiche Marschmusik über das Gelände schallen.

So geht's zum Bahnsteigfragment:

Der Rest der Überdachung ist vom Bahnhofsgebäude Lichterfelde West kommend ca. 300 Meter rechts über den Parkplatz hinaus am Anfang des Kadettenwegs zu finden.

Der unscheinbare Schuppen hat es in sich. Hier wurde ein Gauner brutal zur Strecke gebracht. Zum Glück nur im Kriminalroman.

13

Schuppen

Holzverschlag mit Krimirolle

Der Zabel-Krüger-Damm kreuzt eine Straße namens Alt-Lübars. „Die erste verläuft von Ost nach West, die Alt-Lübars-Straße ab der Kreuzung nach Norden. Dieser folgen Sie in nördlicher Richtung, bis sie abknickt und ein schmaler Feldweg oder so weiterführt, der keinen Namen hat. Nach etwa hundert Metern sehen Sie links am Wegrand einen Schuppen. Haben Sie das so weit?“ Dann dürfen Sie jetzt auch fragen, was Sie da sollen, an diesem Schuppen irgendwo an einem Feldweg in Lübars, da, wo Berlin ein richtiges Dorf ist. Lilo Damaschke kann das beantworten: der eben zitierten Romanhandlung begegnen und eine Reise in das West-Berlin Ende der 1970er-Jahre machen.

Die gebürtige Berlinerin kennt Lübars schon seit Jahrzehnten. „Ab 1988 hatte ich dort eine Reitbeteiligung", erinnert sie sich. „Ich bin jede Woche von Kreuzberg, wo ich damals wohnte, nach Lübars rausgefahren, um zu reiten." Lübars, das sind Äcker und Pferde, Dorfkirche und Dorfkrug, uralte Straßen mit Kopfsteinpflaster. Wunderschön. Lübars, das war bis 1989 aber auch die nördliche Grenze zur DDR und somit das letzte Stück Westberlin vor der Mauer. Lilo Damaschke weiß noch genau, dass sie auf ihrem Pferd teilweise über längere Strecken daran entlanggeritten ist. Ein seltsames Gefühl sei das gewesen, aber eben auch vertraut, die Berlinerin kannte es nicht anders.

Lilo Damaschke erinnerte sich sofort an den alten Schuppen, als sie ihm im Roman begegnete: Die Wegbeschreibung in Patricia Highsmiths Roman stimmt genau.

Wie erstaunt war sie jedoch, als sie kürzlich ihrem alten Reitrevier in einem Buch von Patricia Highsmith (1921-1995) wiederbegegnete! Mit allem hatte sie gerechnet, aber nicht damit. „Ich hatte ja auch die Wendezeit in Lübars mitbekommen, den Fall der Mauer und wie auf einmal ganz neue Reitwege möglich wurden", erzählt sie. „Aber in dem Buch ist alles noch so, wie Highsmith es selbst erlebt und recherchiert hat, wenn auch teilweise mit ein wenig dichterischer Freiheit versehen." Mit einer Ahnung, welchen Schuppen die Autorin gemeint haben könnte, fuhr Lilo Damaschke raus nach Lübars, ging auf Spurensuche und wurde fündig. „Der Schuppen, in dem im Buch eine Lösegeldübergabe stattfinden soll, steht da wie eh und je", sagt Lilo Damaschke. Wie die Zeit manchmal eben doch stehenbleibt.

Der Junge, der Ripley folgte heißt der besagte Kriminalroman aus dem Jahr 1980, der vierte Band der erfolgreichen Reihe um die Hauptfigur Tom Ripley. Highsmith war 1978 Mitglied der Berlinale-Jury und hatte Gelegenheit, die Stadt und ihr Nachtleben ausführlich zu erkunden. Der Roman zeigt ihre erstaunliche Kenntnis der Örtlichkeiten, bis auf eine Bushaltestelle genau.

Die spezielle Atmosphäre nahe der Mauer wird eingefangen, als Ripley im Schuppen kurz vor dem Morgengrauen mit einem Koffer voller Lösegeld auf die Entführer des Jungen Frank, mit dem er sich angefreundet hatte, wartet. Er schlägt einen von ihnen nieder und gibt anschließend zwei Schüsse aus einer Pistole ab. Der Mann stirbt, die anderen Entführer fliehen. Hinter der Mauer beginnen die „scharfen ostdeutschen Hunde" zu jaulen. „An der Stelle, wo der Schuppen steht, war die Mauer allerdings ein ziemliches Stück weit weg", erinnert sich Lilo Damaschke. Wie der an sich verschlafene Berliner Ortsteil jedoch davon geprägt wurde, das bringt die Autorin in nur wenigen Sätzen meisterlich zum Ausdruck: „Tom erschauerte [...] Ein leichter Wind wehte von der Mauer herüber; vielleicht hatte er nur den Fetzen einer Unterhaltung der Tiere vernommen, die an ihren über Drähte gleitenden Laufleinen hingen. Tom wandte den Blick vom unheimlichen Licht der Scheinwerfer ab und konzentrierte sich darauf zu horchen."

Lübars ist heute immer noch sehr dörflich. Wer reiten will, kann das ganz ohne Mauer und bis zum Horizont. Vielleicht wirft hin und wieder ein Passant dem Schuppen einen Blick zu, der eigentlich ein ganz unschuldiges Ding ist, denn eine vereitelte Lösegeldübergabe mit Todesfolge hat es hier zum Glück nur in der Fantasie von Patricia Highsmith gegeben.

So geht's zum Schuppen:

Der Schuppen befindet sich in Lübars. Wo die Straße Alt-Lübars einen Knick hat, beginnt ein Feldweg. Nach etwa 100 bis 150 Metern liegt der Schuppen auf der linken Seite des Weges.

HOCHSCHULE FÜR MUSIK BERLIN

Inschrift

Aus neu mach alt – oder umgekehrt?

Christian Blanco Gómez ist Architekt. Aber manchmal ist er auch Spurenleser. Wenn er beauftragt wird, ein historisches Gemäuer zu sanieren, kann es passieren, dass bereits eine Unregelmäßigkeit in einer Farbschicht seine Neugier weckt. Dann werden alte Aufzeichnungen zu Rate gezogen, Fotoarchive durchkämmt und auch schon mal ein Restaurator herbeigeholt, der, mit einem Skalpell ausgestattet, den Schichten vorsichtig zu Leibe rückt und nicht selten Erstaunliches zu Tage fördert. Spannend! „Für mich hat das viel mit Respekt zu tun", sagt Blanco Gómez. „Oft ist bei früheren Renovierungen Altes einfach übermalt worden und das auch gern in mehreren Schichten. Aber wenn ich ein Haus in seinen Urzustand versetzen kann, tue ich das so vorsichtig, als wollte ich einen Schatz ausgraben."

Als Blanco Gómez – Architekt an der Universität der Künste Berlin – im Jahr 2012 den Auftrag erhielt, die „Burg" in der Hardenbergstraße 41 zu sanieren, die zum Gebäudebestand der Universität gehört, erwachte sein Entdeckergeist jedenfalls sofort, und das fing schon beim Portal an. Es war, wie könnte es anders sein, mehrfach gestrichen worden. Dass da heute wieder in feinen, goldgelben Buchstaben die alte Inschrift *HOCHSCHULE FÜR MUSIK BERLIN* lesbar ist, ist seinem Spürsinn zu verdanken. Und einer Menge fähiger Handwerker, die genauso detailverliebt sind wie er.

Das Eck-Gebäude aus Sandstein, das einer Burg tatsächlich nicht unähnlich ist und im Ensemble der umliegenden modernen Bauten an der mehrspurigen Hauptstraße etwas aus der Zeit gefallen wirkt, wurde von 1902 bis 1903 von den Architekten Adams & Mebes erbaut. Mit Turm und Rundbogenfenstern im neoromanischen Stil ist es schon von außen das reinste Schatzkästchen. In den Innenräumen entdeckte der Architekt unter weißer Farbe reichlich bunte Wandmalereien. Diese waren typisch für den Jugendstil – die Epoche, in der die

Von Farbe befreit - außen und innen stellte Architekt Christian Blanco den ursprünglichen Zustand der „Burg" wieder her.

„Burg" gebaut wurde und die sich in ihrem Ausdruck von Formen und Farben der Natur leiten ließ.

„Als das Institut für Kirchenmusik gebaut wurde, gab es hier – heute kaum vorstellbar – noch einen richtigen Wald", erzählt der gebürtige Kolumbianer, der seit über 30 Jahren in Berlin lebt und arbeitet. Auf Nachfrage macht er einen kurzen Schwenk zu seiner eigenen Geschichte: Als er im Oktober 1989 als DAAD-Stipendiat nach Berlin kam, ahnte er nicht, was ihn wenige Wochen später erwarten würde. „Mein Vater hatte in den 1960er-Jahren in Deutschland studiert, ich wusste von dem geteilten Land, der geteilten Stadt Berlin. Im Architekturgeschichte-Unterricht sah ich Dias vom effizienten historischen Wiederaufbau Deutschlands nach dem Zweiten Weltkrieg. Dies motivierte mich, nach Berlin zu kommen, um zu studieren", erinnert er sich.

„Als das Institut für Kirchenmusik gebaut wurde, gab es hier – heute kaum vorstellbar – noch einen richtigen Wald."

Wer die Ereignisse rund um den Mauerfall hautnah miterlebt hat, kann in den meisten Fällen minutiös genau erzählen, was sich damals abgespielt hat. So ist es auch bei Christian Blanco Gómez. „Ich war gerade bei einem Freund in Schlachtensee. Wir haben zusammen gekocht, nebenher lief der Fernseher. Ich nahm zwar wahr, was dort verkündet wurde. Doch ich achtete nicht weiter darauf. Die Mauer weg? Mein Deutsch war wohl doch noch nicht so gut, wie ich dachte." Wenig später wurde ihm allerdings klar: Es lag nicht an seinen Sprachkenntnissen, sondern daran, dass er wie Millionen anderer Menschen nicht geglaubt hatte, die Öffnung der Grenze zwischen den beiden deutschen Staaten könnte tatsächlich möglich sein. „Wir sind sofort in den nächsten Bus gesprungen und in die Mitte Berlins gefahren, wo die Straßen verstopft waren von Autos und feiernden Menschen." Einen besseren Zeitpunkt für seinen beruflichen Start hätte er kaum wählen können. Seitdem ist Berlin seine Heimat und er liebt die Stadt und ihren reichen architektonischen Schatz.

In der „Burg" wurde seit ihrer Erbauung im Jahr 1903 Musik gemacht. Im Jahr 1822 gründete Carl Friedrich Zelter (1758-1838), seines Zeichens Musiker, Musikpädagoge, Komponist und Dirigent, die „Musikalische Bildungsanstalt“, die 1875 in „Königlich akademisches Institut für Kirchenmusik“ umbenannt wurde und nach wechselnden Standorten und weiteren Umbenennungen schließlich hier ihr endgültiges Zuhause fand. Der auch als „Orgel-Institut“ bezeichnete Kirchenmusikbereich ist auf dem Gebiet der Musik die älteste vorangegangene Institution des sehr weit verzweigten Stammbaums der heutigen Universität der Künste. 1922 wurde das Institut zur „Akademie für Kirchen- und Schulmusik“.

Die politischen Umbrüche bewirkten in der Folge immer wieder Veränderungen im Profil der Ausbildungsstätte. Von 1933 bis 1945 diente das Gebäude unter anderem der musikalischen Ausbildung der Hitler-Jugend, die Akademie erfuhr nun eine Aufwertung zur „Hochschule für Musikerziehung und Kirchenmusik“. 1945 ging diese in der wiedergegründeten „Hochschule für Musik“ auf. Bereits 1869-1933 hatte es eine solche in Berlin gegeben.

Zauberhafte Deckenmalereien im Innern der Burg.

Wann die Inschrift auf dem Türsturz angebracht wurde, lässt sich anhand der wechselvollen Geschichte des Instituts nicht sicher feststellen. Aber Fakt ist, dass sie im Lauf der Geschichte das gleiche Schicksal ereilte wie die zauberhaften Wand- und Deckenmalereien im Inneren: Die Inschrift wurde mehrmals überstrichen und war nicht mehr zu sehen.

Bis Blanco Gómez und sein Team sich ihrer annahm. „Die Jahrzehnte, der letzte Krieg und der immer stärker werdende Straßenverkehr mit seinen Abgasen hatten dem Gebäude schwer zugesetzt“, erklärt er. Aber so ein altes Haus erzählt auch Geschichten, und die sollen erkennbar bleiben. Abgesehen von der wieder sichtbar gemachten Inschrift gibt es weitere derartige Details: „An den Mauern sind Einschusslöcher aus dem Zweiten Weltkrieg, die haben wir bei der Fassadensanierung unberührt gelassen. Was auch eine Auflage der

Denkmalschutzbehörde war." Denn natürlich ist „die Burg" ein geschütztes Gebäude. Für die Sanierung geeignete Materialien zu besorgen, war deshalb eine Aufgabe für sich. Doch auch diesbezüglich war der Architekt findig. Passende Fliesen wurden schon mal aus einer kleinen Werkstatt in Spanien mitgebracht, Leuchter – allesamt Unikate – in Nordrhein-Westfalen geschmiedet. Der Schiefer für das Dach entstammt der Grube Katzenberg in Rheinland-Pfalz.

„Es gehört viel Feingefühl dazu, die Farben und Formen originalgetreu wieder nachzumalen", erklärt er. Nachdem er sich anhand eines freigelegten Ausschnittes und alter Fotos ein Bild von dem einstigen Aussehen des Inneren gemacht hatte, legten seine Leute los. Mit dem üblichen schmalen Berliner Budget, aber einer klaren Vision: den Räumen ihren Jugendstil-Charme zurückzugeben.

„Es gehört viel Feingefühl dazu, die Farben und Formen originalgetreu wieder nachzumalen."

Wer heute durch das Portal tritt, wird von warmen Farben umfangen, wandelt über steinerne Stufen – auch die mühsam von Schichten harten Kleisters befreit – durch Räume voller Anmut. Und Klang. „Ich habe 18 Monate lang beim Arbeiten Musik gehört, denn hier steht in fast jedem Raum eine Orgel", sagt der Architekt schmunzelnd. Man kann es hören, dass Christian Blanco Gómez seine Arbeit liebt. Und sehen.

So geht's zur Inschrift:

Sie befindet sich unterhalb des Bogenfelds auf dem Türsturz am Portal des Instituts für Kirchenmusik in der Hardenbergstraße 41.

Kantor Cornelius Häußermann im Kirchenschiff. Im Hintergrund die französisch-symphonische Orgel und die freigelegte Rosette.

15

Orgeln

Zwei Königinnen

Musik zu machen, spielt in der 1905 eingeweihten Pauluskirche in Zehlendorf eine so große Rolle, dass sie sogar eine eigene Webseite hat – „Paulus-Musik", das sind Kinder- und Morgenchor, Blockflötenensemble und die Zehlendorfer Paulus-Kantorei. Kirchenmusik mag zum einen Musik in der Kirche sein und im Gottesdienst liturgische Verkündigung, aber sie ist auch viel mehr.

Kirchenmusik ist Kultur, und Konzerte in Kirchen locken viele Menschen an, auch die, die den Gottesdiensten und der „Kirche" eher fernbleiben. 700 Personen finden in dem geräumigen Backsteinbau

Platz und kommen dort in den Genuss, nicht nur einer, sondern gleich zwei Orgeln lauschen zu können. „Eine wirklich besondere Situation", findet Paulus-Kantor Cornelius Häußermann. Nach seinem Studium von Kirchenmusik in Berlin ist er seit 1994 neben seiner Tätigkeit als Paulus-Kantor auch Leiter der Berliner Bach-Gesellschaft, quasi der Förderverein für Kirchenmusik an der Pauluskirche. „Die Kirche hat eine wunderbare Akustik", sagt er. Sie besitzt zudem drei Emporen, da lag der Gedanke nahe, zwei davon mit einer Orgel und einem spezifischen Klangprofil auszustatten.

Aber bevor es so weit war, geschah erst einmal etwas, das den Stein ins Rollen brachte. „Es war im August 2005", erinnert sich der Organist. Zur *Langen Nacht der Orgel* waren mehrere Konzerte angesetzt – und mitten im dritten Konzert streikte die Orgel. „Es war ihr kein Ton mehr zu entlocken, die Zuhörer mussten im wahrsten Sinne des Wortes sang- und klanglos nach Hause gehen." Die aus dem Jahr 1969 stammende Orgel hatte bereits vorher hin und wieder für Überraschungen gesorgt, doch nicht in diesem Ausmaß. Neu bauen oder sanieren?, lautete nun die Frage. Nach sorgfältiger Abwägung entschieden sich die zu Rate gezogenen Sachverständigen für einen Neubau. Und dann war da noch eine Idee. „Hinter der alten Orgel, also an der Südwestseite der Kirche, lag die große Rosette versteckt, die sollte wieder freigelegt werden, was dem Raum auch seinen ursprünglichen Charakter zurückgeben würde."

Erhabener Anblick: beide Orgeln der Pauluskirche auf einen Blick.

Etwas Mut gehörte dann doch dazu. Aber am 29. Juni 2006 war es so weit, der Orgelbauverein der Pauluskirche Zehlendorf e.V. gründete sich. Ambitionierte Menschen fanden sich zusammen, die Zeit, Geld und Engagement aufbrachten, um das Projekt, zwei Orgeln in eine Kirche zu bauen, voranzubringen. Ein Fachbeirat unterstützte die Arbeit und schließlich stand fest: Hier werden zwei Instrumente gebaut. „Die Berliner Orgellandschaft ist geprägt durch viele Universal-Orgeln", erklärt Kantor Häußermann. „Wir entschieden uns in enger Abstimmung mit allen Beteiligten schließlich dafür, eine Orgel für die Musik der Barockzeit und eine symphonische Orgel – inspiriert durch den prägenden Orgelbaustil des Franzosen Aristide Cavaillé-Colls aus dem ausgehenden 19. Jahrhundert – zu bauen." Das große Projekt fand im Oktober 2013 seinen Abschluss mit der festlichen Einweihung der beiden Orgeln. „Auch so manche bauliche Hürde musste genommen werden", erinnert sich Cornelius Häußermann, „da war auch mal Umplanen vonnöten."

„Wir entschieden uns in enger Abstimmung mit allen Beteiligten schließlich dafür, eine Kirchenorgel für die Musik der Barockzeit und eine symphonische Orgel zu bauen."

Da, wo einst die allererste Orgel der Kirche gestanden hatte – im rechten Querschiff –, steht heute die Bach-Orgel aus der Werkstatt von Orgelbaumeister Rowan West. Die französisch-symphonische Orgel der Berliner Werkstatt Karl Schuke befindet sich auf der Südempore über dem Eingang. Auch die Rosette ist wieder sichtbar, ausgestattet mit Wärmeschutzglas, gut für die Orgel und den Organisten.

Beide Orgeln werden rege in Anspruch genommen. Während der Gottesdienste spielt Kantor Häußermann meist abwechselnd auf einer von ihnen. Es finden Konzerte und „Mittagsmusiken" statt. Und die Studentinnen und Studenten des Kirchenmusikalischen Instituts der UdK (siehe Geheimnis Inschrift) üben hier und es finden Prüfungskonzerte statt. Zittern müssen sie dabei höchsten vor der Strenge der Prüfenden, gewiss nicht davor, dass eine der Orgeln sie im Stich lässt.

So geht's zu den Orgeln:

Die Paulus-Kirche, in der die Orgeln beheimatet sind, befindet sich in der Kirchstraße 6.

Michael Grimm am Mosaikbogen. Er beschäftigt sich mit Tegeler Geschichte und kennt den Ortsteil seit seiner Kindheit.

16

Bogen

Aus Trümmern gebaut

Wer über die malerische Uferpromenade am Tegeler See spaziert, findet heute keinen Hinweis darauf, dass der Weg aus Trümmern errichtet wurde. Auch der große Schmuckbogen am Kreuzungspunkt zur Greenwich-Promenade und der neben dem Spazierweg gelegene Borsigdamm – eine direkte Verbindung von Tegel nach Spandau – lassen nicht erkennen, dass sie einst aus Schutt gebaut worden sind.

„Wegen der nahe gelegenen Rüstungsproduktion in den Borsig-Werken ist unser schönes Tegel schwer zerbombt worden“, sagt Michael Grimm, der sich im Tegeler Geschichtsverein mit der Historie seines Stadtteils befasst. „Das im Jahr 1920 nach Berlin eingemeindete Tegel bestand schon seit dem 13. Jahrhundert, richtig zur Blüte kam es ab 1893. Da wurde unglaublich viel gebaut.“ Seit 1881 besaß Tegel eine Straßenbahn, seit 1893 einen Bahnhof. Die Anbindung ans nahe Berlin brachte Aufschwung und goldene Zeiten für die Geschäftsleute mit sich. „Ausflügler kamen zu Tausenden an den See, entspannten in den zahlreichen Ausflugsgaststätten und ließen sich den Seewind um die Nase wehen. In fast jedem Haus gab es im Erdgeschoss einen Laden", zeichnet Michael Grimm ein anschauliches Bild des damaligen Lebens.

Der Einschnitt kam mit den Luftangriffen des Zweiten Weltkriegs, der anschließende Wiederaufbau war mühsam. „Eine kleine Lorenbahn fuhr über die Veitstraße an den See und transportierte den Schutt der zerstörten Häuser ans Seeufer, nachdem beschlossen worden war, den bereits in den 1920er-Jahren geplanten Borsigdamm nun zu bauen", erzählt Grimm, der ein Goldschmiedegeschäft führt und Tegel von Kindesbeinen an kennt. „Im Jahr 1954 wurde als Abschluss der Stahlbetonbogen mit seinen Mosaikbildern errichtet."

Bildhauer Gerhardt Schulze-Seehof (1919-1976) schuf diese Auftragsarbeit. „Dass er das Material für den Bogen aus Trümmerschutt gewann", sagt Michael Grimm, „war ein Symbol für die unglaubliche Wiederaufbauleistung nach dem Krieg." Verziert wird der Bogen durch ein Mosaik mit Wassersportmotiven. Schwimmen, paddeln, Boot fahren, für all das bietet der Tegeler See beste Gelegenheit. Im Jahr 2015 wurde der rund neun Meter hohe und 14 Meter lange Mosaikbogen restauriert, nachdem Vandalismus und der Zahn der Zeit ihm zugesetzt hatten. „Die Bepflanzung der Grünflächen wurde ab 1950 übrigens direkt auf den Schutt gesetzt", weiß Michael Grimm. „Es gab damals Stimmen, die für die Bäume und Sträucher ohne aufgeschütteten Mutterboden keine Chance sahen, aber so war es nicht. Alles gedieh prächtig, die Artenvielfalt ist groß."

Nur wenn gelegentlich ein Sturm über den See pfeift und einen der Bäume entwurzelt, dann wird er sichtbar, der Trümmerschutt aus den schweren Berliner Jahren.

So geht's zum Bogen:

Der Bogen befindet sich am nördlichen Ende des Borsigdamms an der Seeufer-Anlage.

Blumenerker

Vorhang auf für Zimmerpflanzen

Ging es in der Biedermeierzeit wirklich bieder zu? Folgen wir dem Duden, bedeutet das Wörtchen *bieder* einerseits „rechtschaffen, aufrichtig und verlässlich", kann aber genauso gut für „auf beschränkte Weise rechtschaffen, allzu naiv, einfältig, treuherzig" stehen. Der Begriff *Biedermeier* geht auf die fiktive Figur des schwäbischen Dorfschullehrers Gottlieb Biedermaier zurück, der, vom Dichter Ludwig Eichrodt (1827-1892) erfunden, nicht sehr schmeichelhaft als kleingeistig und desinteressiert an allem außerhalb seiner vier Wände dargestellt wird. Am 31. Oktober 1825 schreibt Karl August Varnhagen von Ense (1785-1858), Chronist und Erzähler jener Jahre, in sein Tagebuch, „daß in diesem Augenblick keinem von uns auch nur der geringste Faden irgend eines gemeinsamen lebhaften Interesses bekannt sei, der sich durch Berlin ziehe, der anrege und spanne, gar keiner [...]." Allseits Langeweile damals? Stimmt es also doch?

Interessanterweise kann ein Blumenerker – ein kleiner, einem Fenster im ersten Stock vorgesetzter Glaskasten – am Museum Knoblauchhaus eine ganze Menge Spannendes über diese Zeit erzählen. Und ebenso Dr. Jan Mende, Kurator der Ausstellung „Berliner Leben im Biedermeier", der diese nur wenige Jahrzehnte währende Epoche zwischen dem Ende des Wiener Kongresses im Jahr 1815 und der Revolution von 1848 eine „Take off-Phase bürgerlicher Emanzipationsbestrebungen" nennt.

„Biedermeier ohne Zimmerpflanzen, das geht nicht", sagt er und sein Exkurs über diese Zeit enthüllt ein hoch spannendes Stück Geschichte. Topfpflanzen mittendrin. Die Mächtigen jener Zeit strebten danach, das Rad der Geschichte rückwärts zu drehen, denn durch den Wiener Kongress von 1815 wurden die politischen Verhältnisse der Zeit vor der Französischen Revolution wiederhergestellt. Ziel war demnach Restauration und nicht Weiterentwicklung. Die Erwartun-

Das Museum Knoblauchhaus und sein Blumenerker erzählen von der Geschichte aufstrebenden Bürgertums. Und von Topfpflanzen!

gen des aufstrebenden Bürgertums, wurden enttäuscht: Der Deutsche Bund war ein Staatenbund und nicht, wie *national* gesonnene Kreise sich erhofft hatten, ein geeintes Deutschland. Das Versprechen der Wiener Schlussakte, alsbald landständische Verfassungen einzuführen, sollte dagegen die *liberalen* Strömungen im Bürgertum beruhigen. Allerdings erließen die Fürsten die Verfassungen – wenn überhaupt, Österreich und Preußen „verzichteten" darauf – ohne die Mitwirkung der jeweiligen Untertanen. Was tun? Aufbegehren? Das wurde unterbunden. Auf Betreiben des österreichischen Außenministers Metternich fassten die „verlässlichen" Fürsten 1819 die Karlsbader Beschlüsse. Sie beinhalteten weitgehende Maßnahmen: die Überwachung der Universitäten und das Verbot der Burschenschaften, eine Pressezensur, die Einrichtung einer polizeilichen Untersuchungsbehörde sowie die Möglichkeit des Bundes, bei Unruhen in den Einzelstaaten einzugreifen. So sollten national oder liberal motivierte „demagogische Umtriebe" bekämpft werden. Manche ließen sich davon nicht abschrecken, wie zum Beispiel die „Göttinger Sieben" – Professoren der dortigen Universität, die 1837 gegen die Rücknahme der Verfassung im Königreich Hannover protestierten. Die von großen Teilen des Bürgertums gewählte Alternative dazu war der „Rückzug ins Private", was sich in Kunst, Literatur und Mode zeigt. Familienidyll, trautes Heim. Das Knoblauchhaus mit seinem Blumenerker über der Eingangstür beweist es. „Blumenerker sind ja eigentlich freihängende Treibhäuser, die eben nicht im Garten standen, sondern außen an der Fassade hingen, in Ermangelung eines eigenen Gartens", erzählt Jan Mende. „Und sie waren auch Beobachtungsgelegenheiten: Verborgen hinter Grünzeug ließ sich wunderbar die Straße be-obachten und in gegenüberliegende Fenster schauen. Zu Anfang des 19. Jahrhunderts waren sie in Berlin ein sehr populäres Phänomen. Sie waren beliebt und zierten häufig die Hausfassaden. Heute sind sie fast alle verschwunden, außer am Knoblauchhaus."

„Blumenerker sind ja eigentlich freihängende Treibhäuser, die eben nicht im Garten standen, sondern außen an der Fassade hingen, in Ermangelung eines eigenen Gartens."

Die Knoblauchs waren wer im 18. und 19. Jahrhundert in Berlin. Johann Christian Knoblauch (1723-1790), der 1759 das Grundstück im Nikolaiviertel erwarb und das Haus bauen ließ, wurde als Nadlermeister wirtschaftlich erfolgreich. Er stellte Ösen, Haken und Drähte her, die der preußischen Armee zunutze waren. Später stieg er in den Textilhandel ein. Sein Sohn Carl Friedrich Knoblauch (1765-1813) studierte in Frankreich die Herstellung von Seidenbändern und trieb später erfolgreich Handel damit. Carl Knoblauch (1793-1859) übernahm das Unternehmen. Er war politisch als Stadtverordneter aktiv und gehörte dem „Verein der Kunstfreunde im preußischen Staate" an, in dem sich zu jener Zeit die geistige Elite Preußens tummelte. Die Größen jener Zeit gingen im Knoblauchhaus aus und ein.

„Berlin um 1830", erklärt Jan Mende, „das waren die Brüder von Humboldt und Schinkel, das waren die Bildhauer Tieck und Rauch, das war die berühmte Salonkultur und die in Gang kommende Industrialisierung."

Alexander von Humboldt (1769-1859) brachte durch die Schriften über seine Forschungsreisen die Welt nach Preußen. Bildung für das Bürgertum war das angestrebte Ziel der Reformen des Wilhelm von Humboldt (1767-1835). 1830 wurde das erste Museum auf der später weltberühmten Museumsinsel eröffnet – auch die Kunst sollte nun im Zuge der Humboldt'schen Bildungsreformen für alle zugänglich werden.

Dr. Jan Mende ist Kurator der Ausstellung und weiß genau, was es mit dem Blumenerker auf sich hat.

„Das Zuhause war ein Ort von Geselligkeit und Kommunikation", erklärt Historiker Mende. „Die Fenster der Wohnungen wurden mit kunstvoll drapierten Vorhängen versehen und Topfpflanzen stellten den Übergang vom geschützten Innenraum nach außen dar, das nicht selten als bedrohlich wahrgenommen wurde. Weil die Urbanisierung Fahrt aufnahm, dienten Pflanzen auch dazu, den Blick auf gegenüberliegende Hauswände zu verdecken. Im Innern der Räume gab es zum Teil regelrecht raumgreifende Blumenarrangements, Pflanzkästen, mit Efeu bewachsene Bögen, sogar Büsche und Bäume. Damit ließen sich trefflich Geschmack, botanische Kenntnisse, individueller Stil und gärtnerisches Geschick demonstrieren." Im Zuge dieser Entwicklung ist über der Eingangstür des Knoblauchhauses Anfang des 19. Jahrhunderts der Glaskasten, eigens um Blumen Platz zu bieten, vor das Fenster gesetzt worden.

„Biedermeier als Zeit des Rückzugs ins Private", fasst Jan Mende zusammen, „das klingt nach Kopf-in-den-Sand-Ausweichmanöver angesichts politischer Entmündigung. Aber das trifft es nicht ganz, es ist zu einfach. Dahinter steckte ja ein ambitioniertes Programm, das ausging vom Wohnambiente: Nicht durch politischen Aktionismus würde eine neue, moderne Gesellschaft freier Menschen entstehen, sondern durch die Ästhetisierung des Alltags als Grundlage einer Bürgergesellschaft: durch die ästhetische Durchdringung der Lebenspraxis, die eine ethisch-moralische Wende herbeiführt. Umgib dich mit schönen Dingen und die schönen Dinge wirken auf dich selbst zurück!"

„Umgib dich mit schönen Dingen und die schönen Dinge wirken auf dich selbst zurück!"

So haben wir Zimmerpflanzen noch nie gesehen: ein Sinnbild dafür, dass Veränderung nicht immer Lärm und Getöse braucht, sondern genauso gut, wenn nicht besser, in der Stille und im geschützten Raum gedeihen kann.

So geht's zum Blumenerker:

Der Blumenerker befindet sich im ersten Stock über der Eingangstür zum Museum Knoblauchhaus, Poststraße 23 im Nikolaiviertel.

Besen nicht vergessen! Fotograf Claudius Pflug erklärt, dass die unter Laub verborgene Kurve im Wald ein Modell der geplanten Südkurve ist, die nie gebaut wurde.

18

Modell

Miniatur-Rennbahn im Wald

Manchmal liegt Stadtgeschichte im Wald versteckt. „Es ist ein paar Jahre her, da hat mich ein befreundeter Kollege darauf aufmerksam gemacht, dass es im Grunewald ein ziemlich spannendes Relikt gibt – nämlich ein Rennbahnmodell", erzählt Fotograf Claudius Pflug, der, bedingt durch seine Arbeit, viel in der Stadt herumkommt. „Ich war neugierig und hab mich auf die Suche gemacht. So richtig konnte ich mir nicht vorstellen, was mich erwartet. Bis ich fast drüber gestolpert bin."

Was er fand, waren unter Laub, Moos und Erde teilweise versteckte Betonplatten – das Modell der geplanten Südkurve der einstigen Berliner Rennstrecke AVUS – schon ziemlich vom Zahn der Zeit benagt, selbst ein Spielzeugauto würde hier ins Schlingern kommen. „Auf alten Fotos sieht man übrigens, dass an dieser Stelle damals kein Wald existierte", erklärt der Fotograf, „im Gegenteil, hier sollte ja die Kurve gebaut werden. Ein paar Meter weiter in den Wald hinein gibt es bis heute den schon aufgeschütteten steilen Erdwall." Auch den hat sich die Natur zurückerobert.

Von der Verkehrs-Übungsstraße zur Rennstrecke, zur Autobahn – eine Straße kann viele Geschichten erzählen, jedenfalls die AVUS kann das: Die legendäre Piste und ihre Geschichte sind ein Teil von Berlin. Sie ist heute Teil der A115 und bringt Autofahrer im Südwesten rein nach Berlin oder raus aus der Stadt. Der Lärm des beständig rollenden Verkehrs schallt bis in den nahen Forst, den Grunewald. Aber auch vor mehr als hundert Jahren war es hier in der Gegend nicht ruhig. Denn die „Automobil-Verkehrs- und Übungsstraße", kurz AVUS, war seit ihrer Erbauung ausschließlich den Autos vorbehalten. „Richtig ungehindert aufs Gas drücken zu können, war die Idee dahinter, als immer mehr Autos die Stadt eroberten", sagt Claudius Pflug. „Aber in Berlin, mitten unter Pferdedroschken und Omnibussen und Fußgängern, war an schnelles Fahren nicht zu denken. Also sollte eine schnurgerade Schnellfahrstrecke her."

Wer dreimal hinguckt, kann sie erkennen: Die Steinplatten des Modells sind unter Laub und Moos gut verborgen.

Im Jahr 1913 begannen die Bauarbeiten, bis der Erste Weltkrieg Einhalt gebot. „Es war dann so, dass die Einfahrt auf die 1921 fertiggestellte, rund neun Kilometer lange Strecke ziemlich viel Eintritt kostete, und der war für Otto-Normalverbraucher nicht erschwinglich." Ein Auto zu besitzen allerdings auch nicht. Aber gucken, wie andere rasen, das ging. Die fortan auf der AVUS stattfindenden Auto- und Motorradrennen waren bei der Berliner Bevölkerung sehr beliebt. „Nachdem es zuvor nur zwei Wendeschleifen gegeben hatte, wurde 1937 die große Nordkurve gebaut und dazu eine Tribüne für Tausende Zuschauer", berichtet der Fotograf. „Eine Südkurve sollte folgen, dann wäre die Runde perfekt gewesen. Das Modell im Wald zeugt von den Plänen, der AVUS genau diese Kurve hinzuzufügen, die allerdings nie verwirklicht wurden. Wieder kam ein Krieg dazwischen."

Die Nordkurve kostete einige Rennfahrer das Leben, denn sie war viel zu steil gebaut worden, und auch insgesamt standen die Berliner Autorennen unter keinem guten Stern. Krieg und Nachkriegszeit brachten ihre eigenen Herausforderungen mit sich. 1967 wurde die gefährliche Nordkurve abgerissen. Ohnehin hatte der Mauerbau schon alles verändert. „Die AVUS war jetzt vielmehr Teil einer Autobahn. Nicht weit entfernt Richtung Süden ging es zum Grenzübergang Dreilinden, die AVUS war der Zubringer und da, wo einst die Nordkurve lag, entstand nun das Autobahndreieck Funkturm." Die einstige Rennbahn sei über die Zeit zu einem Teil der Berliner Straßenlandschaft geworden, „sie wurde da sozusagen mit reingeplant".

„Die AVUS war jetzt vielmehr Teil einer Autobahn."

Seit 1990 gibt es keine Rennen mehr auf der Straße. Laut geht es immer noch zu, wahrscheinlich lauter denn je. Heute ist Tempo 100 die zulässige Höchstgeschwindigkeit – und wer auf der vielbefahrenen Straße im Stau steht, muss gelegentlich mit ansehen, dass die Jogger und Radler im nahen Wald deutlich schneller sind. So ändern sich die Zeiten.

So geht's zum Modell:

Das Modell der geplanten AVUS-Südkurve befindet sich im Wald an der Ecke Havelchaussee/Kronprinzessinnenweg.

19

Dach

Zwischen Staunen und Kopfschütteln

Bestimmt bekommen die durch den hohen Zaun sichtbaren Überbleibsel des einstigen Vergnügungsparks eine Menge sehnsüchtige Blicke von den Vorbeispazierenden zugeworfen – das weiße, spitz zulaufende Dach des alten Tassenkarussells, die Schienen der kleinen Parkeisenbahn, der riesige orange-gelb gestreifte Baldachin des einstigen „Cinema 2000"… Ach! Das waren doch schöne Zeiten, als hier noch alles blinkte und funkelte und sich lange Schlangen vor den Fahrgeschäften und Imbissbuden bildeten. Dass der 1969 eröffnete einzige Dauer-Rummelplatz der DDR reichlich spröde „VEB-Kulturpark Berlin" hieß, tat dem Vergnügen keinen Abbruch. So nannte ihn ohnehin kein Mensch. Wenn es hieß, „Wir fahren in den Plänterwald", war Vorfreude Programm.

Im Zuge der Wiedervereinigung wurde der Park im Jahr 1991 stillgelegt. Zunächst jedenfalls. „Norbert Witte, Schausteller aus Landshut, übernahm 1992 den DDR-Freizeitpark im Plänterwald", erzählt Journalist Boris Dammer. „Und anfangs lief der Rummel, der nun *Spreepark* hieß und mit jeder Menge neuer Attraktionen ausgestattet wurde, wohl noch gut, doch bald hatten sich 15 Millionen Euro Schulden angehäuft." Im Jahr 2001 folgte die Insolvenz des Betreibers.

Hinter dem Zaun verbergen sich seitdem nicht nur Rummelplatzreste, sondern auch ein Krimi. Und der hat mit Peru zu tun, wohin Witte und seine Familie einige der Fahrgeschäfte bringen ließen und – nachdem der Plan, dort einen neuen Rummelplatz aufzubauen, gescheitert war –, wieder zurück. Die Idee, nebenbei doch noch Geld zu machen, erwies sich allerdings als fatal. „Beim Rücktransport der Rummel-Attraktion *Fliegender Teppich* nach Deutschland wurden im Masten 167 Kilo Kokain gefunden", erklärt Boris Dammer. „Dafür wurde Norbert Witte in Deutschland zu sieben Jahren Gefängnisstrafe verurteilt und sein Sohn Marcel, der in die Sache verwickelt war, kam in Peru in Haft." Dass halb Berlin seinen Rummelplatz vermisste, half

Boris Dammer hat sich mit der Geschichte der Familie Witte beschäftigt. Langweilig geht anders.

auch nicht weiter. Er ist seitdem ein *lost place*, bis auf einige Events und Führungen von Menschen verlassen – die Natur allerdings erobert sich das Areal zurück.

Boris Dammer ist bei seinen Recherchen noch auf eine ganz andere Geschichte gestoßen, und die hat auch mit Familie Witte zu tun, nämlich mit Otto Witte (1871 oder 1872-1958), seines Zeichens Großvater von Norbert und König von Albanien.

Wie bitte? König? „Auf dem Ohlsdorfer Friedhof in Hamburg prangt auf dem Grabmal von Otto die Inschrift *Ehemaliger König von Albanien*", erzählt der Journalist, doch sein Lächeln verrät, dass hier etwas nicht mit rechten Dingen zugehen kann. Und tatsächlich, der Titel ist glatte Anmaßung, passender gesagt die reinste Köpenickiade. „Wilhelm Voigt, dem es als *Hauptmann von Köpenick* tatsächlich gelungen war, in Uniform die Stadtkasse im Rathaus zu beschlagnahmen – oder besser gesagt zu klauen, war wohl eine Inspiration für Otto Witte", sagt Boris Dammer. „Und ein wenig tricksen und mit seinem Charme spielen, das hatte der bereits als Junge von zuhause Ausgebüxte wahrscheinlich bei den Schaustellern gelernt, mit denen er fortan herumzog." Daraus und aus einem gerüttelten Maß an Sprachkenntnissen ließ sich doch etwas machen.

Die Legende, die Otto Witte sich also zusammenstrickte, ging so: „Irgendwann verschlug es den Umtriebigen in die Türkei, wo er es in der Armee bis zum Offiziersrang brachte. Als jemandem eine gewisse Ähnlichkeit mit dem Prinzen Halim ed-Din auffiel – der als König von Albanien, das damals politischen Umwälzungen unterworfen war, eingesetzt werden sollte – plante er, diese auszunutzen", erzählt Boris Dammer weiter. „In Wien kaufte er sich in einem Kostümverleih Uniformen. Durch manipulierte Telegramme soll er es geschafft haben, in Albanien von führenden Paschas empfangen zu werden. Und schon zwei Tage später wurde er, im Februar 1913, dort zum König ausgerufen." Der echte Prinz war not amused und für Witte wäre der Betrug gewiss nicht gut ausgegangen: „Mit Hilfe von Haremsdamen gelang ihm jedoch die Flucht." Sein Königtum währte nur wenige Tage, nährte ihn aber für den Rest seines Lebens, denn schon bald tourte er wieder über Rummelplätze und gab dort seine Abenteuer zum Besten. Sogar eine Autobiografie verfasste er.

„Möglicherweise hat er seine Story, die mit Sicherheit von vorne bis hinten erfunden ist, am Ende selbst geglaubt", sagt Boris Dammer. „Sein ganzes Leben ist mit Rätseln gespickt, nicht einmal über Geburtsjahr und -ort gibt es Klarheit. Und die erfundene Königswürde war sogar in seinem Pass zu lesen." *Otto Witte ex. König v. Albanien.* Ob damit ein Beamter Humor bewiesen hat? Oder es wirklich glaubte? Das kann, wie so manches in Otto Wittes Leben, nicht final geklärt werden. „Dass Witte um ein Haar hätte Reichskanzler werden können, weil seine fraktionslose *Partei der Handwerker, Gastwirte und Schausteller* in der Weimarer Republik 100.000 Mitglieder gehabt haben soll und Witte sich1925 bei der Wahl des Reichspräsidenten aufstellen ließ und sogar viele Stimmen erhielt, gehört ebenfalls ins Reich der Legende." Im zweiten Wahlgang sei er zugunsten von Hindenburg nicht mehr angetreten. Halten wir es einfach wie der Beamte mit Wittes Pass – und glauben es. Oder glauben es nicht.

„Sein ganzes Leben ist mit Rätseln gespickt, nicht einmal über Geburtsjahr und -ort gibt es Klarheit."

Zurück zum Spreepark und seinem Dornröschenschlaf: Hier tut sich was. Im Jahr 2021 wurde das große Riesenrad abgebaut und wird sich am alten Fleck wieder drehen. Und wenn, wie geplant, der gesamte Park seine Pforten wieder geöffnet hat, sind die Berliner Kinder bestimmt glücklich, wenn sie unter dem weißen Dach eine Runde Tassenkarussell fahren können. Vielleicht kann sogar der „König von Albanien" irgendwo im neuen alten Reich von Unterhaltung und Fantasie auftreten. Passend wäre das.

So geht's zum Dach:

Das weiße Dach des Tassenkarussells ist am ehemaligen Eingang des Spreeparks zu sehen, Kiehnwerderallee 1-3.

Ledigenheim

20

Schriftzug

Unterkunft für junge Arbeiter

Um es gleich vorwegzunehmen: Die junge Monika Gebert ist wegen der Bibliothek hierhergekommen, nicht wegen der Bewohner. „Es war Nachkriegszeit", erinnert sie sich, „und ich war immer hungrig nach Lesestoff. Aber die Bibliotheken, die ich besuchte, hatten nicht viele Bücher im Bestand und sie gaben auch immer nur eins heraus. Deshalb ging ich abwechselnd zu zwei Büchereien." Dass sie dabei das „Bullenkloster" genannte fünfgeschossige Gebäude in der Danckelmannstraße betreten musste, störte sie nicht. „Ich weiß noch, dass das Haus so genannt wurde, und mir war auch klar, dass es so ein bisschen einen zwielichtigen Ruf hatte, aber ich habe da nicht weiter drüber nachgedacht. Ich wollte einfach meine Bücher holen."

Tatsächlich war das weiträumige Gebäude mit den vielen Einzelzimmern eine wichtige Institution, als es im April 1908 eröffnet wurde. *Ledigenheim* ist an der sorgfältig sanierten Fassade zu lesen, und etwas weiter unten steht an zwei Pfeilern *Tages Arbeit* und *Abends Gäste*. Das trifft ziemlich genau, was das Haus ausmachte, es wurde nämlich – das erste seiner Art – als Arbeiterwohnheim gegründet. „Berlin hatte ja, als es wuchs und immer mehr junge Männer und Frauen hierherkamen, um in der Stadt Arbeit zu finden, ein riesiges Wohnungsproblem", erzählt Monika Gebert. Während junge Mädchen oft bei wohlhabenden Personen „in Stellung" gegangen seien – was bedeutete, dass sie bei der Familie, bei der sie arbeiteten, auch in winzigen Dienstmädchenkammern wohnen konnten –, seien die Männer oft in Industriebetrieben tätig gewesen. „Und außerdem war es so, dass ärmere Familien zwar eine Wohnung hatten, aber trotzdem oft in Geldnöten steckten. Also etablierte sich ein System, das sich aus beiderlei Nöten speiste – die sogenannten Schlafburschen oder Schlafgänger."

In der Praxis sah das so aus, dass Familien eine Bettstatt an junge Arbeiter vermieteten, die übernachteten, das Bett tagsüber räumten

Bücher statt Burschen: Monika Gebert hat hier als junges Mädchen regelmäßig die Bibliothek besucht.

und spätabends zurückkamen. Manchmal schliefen sogar mehrere Gäste hintereinander in ein und demselben Bett, sozusagen im Mehrschichtsystem. „Es waren Tausende, die so lebten", sagt Monika Gebert. „Und um dem etwas entgegenzusetzen, wurde das Wohnheim hier gebaut, in dem es den Leuten wirklich besser ging, denn sie hatten jetzt ein eigenes Zimmer, auch wenn das nur sechs Quadratmeter groß war."

„Sie hatten jetzt ein eigenes Zimmer, auch wenn das nur sechs Quadratmeter groß war."

Seit der Eröffnung gehörte die Bibliothek zum Bestand der Anlage, dazu eine Badeanstalt und eine Volksspeisehalle. Der Träger des Hauses, die „Volkshotel AG Ledigenheim" hatte sich ein praktikables Gesamtpaket ausgedacht, das wesentlich zur Verbesserung der Lage der jungen Männer beitrug. Nur eines war verboten: Damenbesuch. Was dem Haus, ganz typisch Berliner Schnauze, in der Nachbarschaft den Beinamen „Bullenkloster" eintrug. Ärger soll es mit den vielen jungen Männern jedoch nicht gegeben haben.

Als Monika Gebert hier aus- und einging, war das Ledigenheim voll besetzt, denn auch in den Nachkriegsjahren fehlte es überall an Wohnraum. Erst mit dem Ende der 1960er-Jahre waren die vielen Zimmer nicht mehr nötig und die „Volkshotel AG" löste sich auf. Ein kommunales Wohnungsunternehmen übernahm das Haus und ließ es von 1977 bis 1979, nunmehr denkmalgeschützt, sanieren. Heute wohnen Studenten hier. Die Bezeichnung „Bullenkloster" samt strenger Besuchsregeln ist – das versteht sich von selbst – längst Geschichte.

So geht's zum Schriftzug:

Der Schriftzug „Ledigenheim" befindet sich am heutigen Studentenwohnheim in der Danckelmannstraße 46/47.

Prachtvolle klassizistische Fassade, Pergola und Eckfenster auf einen Blick – das Alte Palais ist originalgetreu restauriert und gestrichen worden.

21

Fenster

Rausgucken als preußische Pflicht

Am Bebelplatz hat Stefan Grell einst seine Arbeit als Restaurator begonnen – so fing seine Liebe zu Berlin an, zu der Stadt, in der sich auf jedem Meter Geschichte abgespielt hat und wo es für einen Restaurator Arbeit über Arbeit gibt. Ein besonders geschichtsträchtiges Gebäude steht am Boulevard Unter den Linden an der Ecke zum Bebelplatz. Es ist der „Altes Palais“ genannte Wohnort von Kaiser Wilhelm I. (1797-1888), der hier als Prinz einzog und als Kaiser starb: Er hielt dem Haus nach dessen Fertigstellung im Jahr 1837 bis zu seinem Tode die Treue. Vom Alten Palais aus wurde Preußen regiert, ab 1871 das Deutsche Reich. Carl

Ferdinand Langhans (1781-1869) hat es erbauen lassen. „Bis zur Behrensstraße reichten die zahlreichen prächtigen und repräsentativen Räume", weiß Stefan Grell.

Viele Geschichten ranken sich um das Palais, eine davon betrifft das letzte Fenster im Parterre: Das war kein gewöhnliches Fenster, nein, es war berühmt: des Kaisers Winkfenster! Jeden Vormittag um 11 Uhr versammelten sich Menschen Unter den Linden am Denkmal Friedrichs des Großen, um auf eben jenes Fenster zu starren. Denn da zeigte sich der Kaiser – steif und würdevoll, in Uniform gekleidet, betrachtete er den Aufzug des Garde-Grenadier-Regiments Nr. 1 vor der gegenüberliegenden Neuen Wache. Sogar wichtige Sitzungen soll der Kaiser unterbrochen haben, um sein Ritual aufrechtzuerhalten.

„Wilhelm I. bewohnte die Räume im Parterre des Palais", erzählt Stefan Grell. „Hinter dem berühmten Fenster lag sein Arbeitszimmer, wo er bereits am frühen Morgen diszipliniert seinen Arbeitstag begann." Zum heutigen Bebelplatz hin wurden die Fenster seines Arbeitszimmers und der daran angrenzenden Bibliothek von einer Pergola umschlossen. „Das sicherte ihm einen gewissen Blickschutz, schließlich war Wilhelm mehrmals Attentaten ausgesetzt gewesen, und so war auch für geschützte Frischluftzufuhr gesorgt." Die Räume über ihm bewohnte seine Frau Augusta (1811-1890). Die Kaiserin lud regelmäßig zum Teeabend in ihren Salon ein, der so klein gewesen sein soll, dass er „Teebüchse" oder „Bonbonnière" genannt wurde. Die gesellschaftlichen Gepflogenheiten des Königs- und späteren Kaiserpaares in ihrem Palais waren durchgetaktet und ritualisiert. Nur im Sommer hielten sie sich eine Zeit lang zur Kur in Bad Ems, Gastein oder Baden-Baden auf. Als der Monarch am 9. März 1888 starb, wurde sein Palais von Menschenmassen umlagert. Zwei Jahre darauf verstarb seine Gattin. Sein Enkel Kaiser Wilhelm II. (1859-1941), der nach der kurzen Regierungszeit seines Vaters Friedrich III. den Kaiserthron übernahm, residierte im Stadtschloss. Somit büßte das Palais an Bedeutung ein und wurde zum *Alten Palais*.

„Hinter dem berühmten Fenster lag sein Arbeitszimmer, wo er bereits am frühen Morgen diszipliniert seinen Arbeitstag begann."

Das bedeutende Gemäuer wurde 1943 stark zerstört, nach 1945 enteignet und der Humboldt-Universität zur Nutzung übergeben. Dennoch blieb es beinahe 20 Jahre lang eine Ruine, der Wiederaufbau erfolgte erst von 1962 bis 1964. „Die Innenausstattung war ein für alle Mal zerstört, weil das Palais im Krieg ausbrannte, aber die wertvolle klassizistische Fassade blieb erhalten und wurde wiederaufgebaut", fasst Stefan Grell zusammen. „Im Jahr 2005 wurde die Fassade erneut saniert und mit einem hellen, ockerfarbenen Anstrich versehen. An einer unzerstörten Stelle war nämlich noch ein Rest der Originalfarbe gefunden worden." Bei dieser Gelegenheit wurde auch die Pergola rekonstruiert, von der – bedingt durch die Zerstörungen – nichts mehr erhalten war. So sieht es von außen fast wieder aus wie einst, als Deutschland noch einen Kaiser hatte, der jeden Tag den Wachaufzug betrachten wollte und somit ein Fenster berühmt machte.

„Die Innenausstattung war ein für alle Mal zerstört, weil das Palais im Krieg ausbrannte, aber die wertvolle klassizistische Fassade blieb erhalten und wurde wiederaufgebaut."

So geht's zum Fenster:

Es ist das letzte Fenster im Parterre des Alten Palais gegenüber vom Reiterstandbild Friedrichs des Großen. Das Palais steht Unter den Linden 9.

Kirche und Umgebung lassen ahnen, wie Zehlendorf einst ausgesehen hat.

22

Dorfkirche

Achteckige Schönheit mit Geschichte

Dass Zehlendorf einst ein Dorf war, verrät schon der Name des südwestlichen Stadtteils, und es gibt tatsächlich einen Ort inmitten all des Großstadtgetümmels, an dem sich das noch richtig spüren lässt: die alte Dorfkirche, von uralten Grabmalen umgeben, nebst Schulhaus – das heute ein Heimatmuseum ist – und Friedenseiche. Das achteckige, zauberhafte Kirchlein hat eine Menge gesehen und durchgemacht, und davon kann Eckard Siedke berichten. Der promovierte Maschinenbauer ist Zehlendorf von Kindesbeinen an verbunden und hat sich schon als junger Mann für das Bauwerk interessiert. „Die Kirche war nach 1945 in einem sehr beklagenswerten Zustand", erzählt er, „das Dach beschädigt, der Putz ab und im Innern sah es trostlos aus." Was durch die Verwendung des Gebäudes als Baustofflager ab 1947 nicht besser wurde. „Ich habe mich damals an einem Fenster hochgehangelt und mir das Innere angesehen." Vielleicht ist in diesem Moment eine Vision entstanden, welch ein Potential in diesem Gemäuer steckt, aber es musste doch eine lange Zeit ins Land gehen, bis aus dem Lagerraum die heutige achteckige Schönheit werden konnte.

Ein Blick in die Geschichte von Dorf und Kirche lohnt sich. „Hier hat es nie Adlige gegeben", erzählt Eckard Siedke. „Das Dorf gehörte im 13. Jahrhundert zum Kloster Lehnin und wurde später Eigentum der brandenburgischen Landesherren. Ein Vorgängerbau stand am gleichen Platz, bevor im Jahr 1768 – die Wetterfahne auf dem Dach verrät das Baujahr – die Dorfkirche errichtet wurde. Es hat sich später herumgesprochen, Friedrich der Große habe, weil er hier so oft durchfuhr, höchstselbst den Kirchenneubau bezahlt, aber das ist unterdessen widerlegt." Was stimmt, ist, dass Zehlendorf genau in der Mitte zwischen den zwei Residenzstädten Berlin und Potsdam lag und dass es hier eine Poststation und einen Pferdewechsel gab. „Für den Kirchenneubau gab es Geld aus der Kriegs- und Domänenkammer, nach dem Siebenjährigen Krieg musste ja vieles wiederaufgebaut werden, aber der Architekt ist unbekannt", berichtet Eckard Siedke und fährt fort: „Die Hölzer im Dachstuhl haben wir untersuchen lassen, die wurden tatsächlich 1764/65 geschlagen. Es hat auch einen kleinen Turm gegeben, der hielt allerdings der Zeit nicht stand." Im Jahr 1732 hat König Friedrich Wilhelm I. (1688-1740) in Zehlendorf Glaubensflüchtlinge aus Salzburg begrüßt. Eine Gedenktafel erinnert an diesen historischen Moment.

Als Zehlendorf 1838 eine Haltestelle der Preußischen Eisenbahn zwischen Berlin und Potsdam wurde, war das der Anfang vom Ende des dörflichen Charakters. „Es gab einen gewaltigen Zuzug", erzählt Eckard Siedke, „hier war es ja noch ruhig und ländlich, gute Luft und dennoch die schnelle Anbindung an Berlin." Und es kam, wie es kommen musste: Das Kirchlein war irgendwann zu klein und eine neue, größere Kirche musste her. Das war 1905. Zehlendorf schmückte sich nun mit der Pauluskirche (siehe Geheimnis Orgeln). Die kleine Kirche aber wurde ab 1912 umgebaut und als Gemeindehaus genutzt, im Innern befanden sich einzelne Zimmer, die später auch vermietet wurden. „Tatsächlich gab es in den 1930er-Jahren Pläne, das Kirchlein wieder als Tauf- und Traukirche zu nutzen", sagt Eckard Siedke, „aber dazu kam es nicht mehr, denn durch den Krieg versiegten die Geldmittel und der Verfall begann. Immerhin wurde aber 1942 das Dach noch repariert." Wahrscheinlich wäre es in den Nachkriegswirren nicht gut ausgegangen für die alte Dorfkirche, wenn nicht der damalige Konservator der Stadt Berlin, Prof. Hinnerk Scheper (1897-1957), die Kirche auf die Liste der erhaltenswerten Baudenkmäler gesetzt hätte.

Und nun beginnt eine schöne Geschichte, die von sehr viel Leidenschaft und bürgerlichem Engagement handelt und von dem unbedingten Wunsch, das Bauwerk zu dem zu machen, was es heute ist: ein bezauberndes Kleinod. Bereits 1951 gab es die erste Spendenkampagne, 1953 begann der Wiederaufbau und die erneute Einweihung als Kirche. „Die heutige Farbfassung stammt aus den Jahren 1978/79", weiß Eckard Siedke, „und im Jahr 1979 wurde der Förderverein gegründet, dem ich seitdem angehöre." Dieser Förderverein ist rege und das muss er auch sein, denn an einem so alten Bauwerk ist immer etwas zu tun. Ab 2016 wurde erneut gebaut, weil sich in einigen der uralten Hölzer des Dachstuhls der Hausschwamm eingenistet hatte und durch das Gewicht des Daches tiefe Risse im Gemäuer entstanden waren. Das war auch die Gelegenheit, den Innenraum neu und zeitgemäß zu gestalten. Der Orgelprospekt stammt aus der Berliner Dreifaltigkeitskirche in Mitte, die im Krieg zerstört und 1947 gesprengt wurde. Moderne Künstlerbilder umrahmen den Altar: Alt und Neu gehen eine harmonische Beziehung ein.

Eckard Siedke, Vorsitzender des Fördervereins, kennt die Kirche und ihre Geschichte in- und auswendig.

Eine kleine Anekdote erzählt Eckard Siedke augenzwinkernd: „Wir haben eine neue kleine Glocke aus Bronze gießen lassen, weil die alte nicht mehr gut klang. Ich habe sie mit meinem Auto abgeholt, und als der damalige Pfarrer sie betrachtete, sagte er, das sei ja wirklich schön mit dem Zitat aus dem Korintherbrief auf der Glocke, aber das würde es an dieser Stelle der Bibel gar nicht geben. Was also tun? Die Glocke mit der fehlerhaften Schrift verwenden? Nein! Ich packte die 40-Kilo-Glocke also wieder in mein Auto und fuhr zurück zur Gießerei, wo man den Fehler innerhalb eines Nachmittags beseitigte." Jetzt klingt sie nicht nur schön, sondern es stimmt auch alles.

„Wir haben eine neue kleine Glocke aus Bronze gießen lassen, weil die alte nicht mehr gut klang."

Wer sich hier auf Spurensuche begibt, sollte sich unbedingt den Kirchhof anschauen, der heute ein Naturdenkmal ist. Die zum Teil sehr prächtigen Eisenguss-Grabstätten sind eingebettet in eine grüne Vielfalt, zu der auch drei uralte Maulbeerbäume gehören – ein Zeugnis des Versuchs vor rund 250 Jahren, in Preußen die Seidenproduktion zu etablieren. Ein zauberhafter Ort ist der historische Winkel in Zehlendorf und immer einen Besuch wert. Im Jahr 2018 feierte die Alte Dorfkirche ihren 250. Geburtstag, und wie sich das für eine alte Dame gehört, hat sie eine bewegte Vergangenheit hinter sich. Aber genau das macht auch ihren unvergleichlichen Charme aus.

So geht's zur Dorfkirche:

Die Kirche gehört zum historischen Winkel von Zehlendorf in der Clayallee/Ecke Potsdamer Straße und kann besichtigt werden. Selbstverständlich ist sie zu Andachten, Gottesdiensten und musikalischen Veranstaltungen geöffnet.

23

Grabmal

Unter dem Sternenhimmel wieder vereint

Der Gedenkstein dieses Grabmals gibt eine Menge Rätsel auf. An der Seite von Dr. Willy Hirsch – Inschrift: *Hier ruht in Gott mein heissgeliebter theurer Mann* – liegt, laut Inschrift auf der linken Seite, *Meine Lotte Frau Prof. Heinr. Maass* begraben. Geburts- und Sterbedaten der beiden zeigen, dass Willy Hirsch 25 Jahre vor der „Lotte" genannten Frau Professor gestorben ist. Frau Prof. Heinrich Maass, so verrät die Grabinschrift, wurde 1862 als Paula Wygodzinksi geboren. Aber warum wird sie dann Lotte genannt? Und warum liegt an der Seite von Willy Hirsch Frau Maass begraben? Wer, schließlich, ist die Frau, die Willy Hirsch „ihren heißgeliebten Mann" nennt? All das hat sich auch Anja Pick gefragt, als sie das besondere Grabmal entdeckte, und ist dem nachgegangen. Doch bevor sie das Rätsel löst, erzählt sie etwas zur Geschichte des Jüdischen Friedhofs in Weißensee, den sie selbst im Jahr 2005 zum ersten Mal betrat und der sie seitdem nicht mehr losließ.

Die Deutsch-, Englisch- und Philosophielehrerin gehört dem Förderverein Jüdischer Friedhof Berlin-Weißensee an, welcher der zweitjüngste der jüdischen Friedhöfe ist, die es in Berlin gibt, beziehungsweise auf dem heutigen Stadtgebiet gegeben hat. Der erste wurde bereits 1324 urkundlich erwähnt. Rund 200 Jahre später wurde er zerstört und seine Steine zum Bau der Zitadelle Spandau verwendet. Der zweite Friedhof entstand in der Großen Hamburger Straße ab 1672, der dritte ab 1827 in der Schönhauser Allee (siehe Geheimnis Tor). Beide schlossen ihr Pforten wegen Platzmangels, denn jüdische Gräber sind für die Ewigkeit und werden nicht nach Ablauf einer Frist eingeebnet.

„Die jüdische Gemeinde wuchs und ein größerer Begräbnisplatz musste her", erzählt Anja Pick. „Sie kauften um 1875/76 ein circa 40 Hektar großes Gelände an der damaligen Lothringenstraße in Weißensee." Ein ganz besonderer Ort ist seitdem hier entstanden, eine

Grabmal einer Frau fast ohne eigenen Namen. Anja Pick kennt kein weiteres Grab, bei dem das so ist.

Oase der Ruhe, ein Biotop mitten in der Großstadt. Wer hier auf Erkundung geht, sollte Zeit und Muße mitbringen. „Traditionell sind jüdische Gräber sehr schlicht gehalten“, erklärt Anja Pick, die auf dem Friedhof regelmäßig gefragte Führungen anbietet. „Im Tod sind alle Menschen gleich, das soll in der Grabgestaltung sichtbar werden. Auf Blumenschmuck wird verzichtet, stattdessen wächst überall Efeu. Aber es gibt natürlich auch Ausnahmen.“ Und da jüdische Grabstätten unantastbar sind, zeigt sich auf dem Jüdischen Friedhof in Weißensee letztlich doch eine gewisse über die Jahre gewachsene Vielfalt. „Neben den traditionellen, sehr schlichten Steinen gibt es auch einige Grabmäler, die sich in Form und Größe von der Mehrheit unterscheiden.“

Zeugnis einer Liebe so ewig wie der Sternenhimmel: das Sternbild des Großen Wagen und eine lange Liebeserklärung von Paula an ihren Willy.

Das Grabmal des Apothekers Dr. Wilhelm (Willy) Hirsch (1853-1895), zu dem wir nun zurückkehren, fällt – neben seiner Fragen aufwerfenden Inschrift – auch mit einigen Details etwas aus dem Rahmen. „Zum einen ist besonders, dass sich ein Sternbild darauf befindet“, erklärt Anja Pick. „Es ist der Große Wagen. Zum anderen gibt es auf seiner Seite des Grabes eine sehr lange und berührende Widmung.“ Sie lautet:

Du hast im Leben reichstes Glück gespendet. / Was Du mir warst, das kann kein Wort ermessen. / Zu deinem Gott hast Du Dich heimgewendet. / Mir aber lebst Du, bleibst Du unvergessen! / Wer Liebe sät, ward nicht umsonst geboren. / Du bist für mich nicht fort. Du bist nur fern. / Dein sterblich Theil nur ist für mich verloren. / Bis wieder uns vereint der Ruf des Herrn.

Wer war die Frau, die ihrem Mann so wunderbare Zeilen mit in die Ewigkeit gab? „Sie war erst 33 Jahre alt, als Willy Hirsch von ihr ging, und sie hat wieder geheiratet", klärt Anja Pick auf. „Professor Heinrich Maaß war ihr zweiter Ehemann und er war nichtjüdischer Herkunft." Als sie im Jahr 1920 in Berlin starb, genehmigte ihr zweiter Ehemann zwar, dass sie neben ihrem ersten Mann Willy auf dem Jüdischen Friedhof beigesetzt werden durfte, aber was zunächst freundlich wirkt, erhält doch einen ziemlich faden Beigeschmack. Er ließ sie nämlich unter seinem Namen bestatten. „*Frau Prof. HEINRICH MAASS.* Ich kenne kein weiteres Grab hier auf dem Friedhof, bei dem das so ist." Anja Pick weist noch auf eine weitere Eigenart hin: „*Hier ruht meine Lotte* schickt der Herr Professor seinem Namen auf dem schwarzen Grabstein voraus. Aber seine Frau hieß gar nicht Lotte", erklärt sie. „Und das entdeckt nur, wer die gesamte Inschrift liest. Nämlich erst über Geburts- und Sterbedatum erscheint vor ihrem Mädchennamen auch ihr richtiger Vorname." Erst da werde klar, dass Frau Prof. Heinrich Maas eigentlich Paula hieß. „Und letztlich gibt es aufgrund dieser speziellen Inschrift auch keinen Hinweis darauf, dass sie einst mit Willy Hirsch verheiratet gewesen und, bevor sie zur Frau Professor wurde, Paula Hirsch ihr Name war."

„Ich kenne kein weiteres Grab hier auf dem Friedhof, bei dem das so ist."

Dennoch: Willy und seine Paula ruhen nun schon seit über hundert Jahren zusammen auf dem Jüdischen Friedhof. Ihre gemeinsame Grabstätte ist von einem offenen Baldachin bedeckt, die ursprüngliche Kupferblech-Dachkonstruktion ist verloren gegangen. Vielleicht gar nicht schlimm für die beiden. So können die Sterne nun auch von oben über sie wachen.

So geht's zum Grabmal:

Das Grabmal für Willy und Paula Hirsch befindet sich auf dem Jüdischen Friedhof in Berlin Weißensee, Herbert-Baum-Str. 45, im Feld L2 Erbbegräbnis 528.

Vierzehn Namen, vierzehn verstorbene Kinder: Meinhard Schröder hat sich mit ihrem Schicksal beschäftigt.

24

Bronzetafeln

Viel zu früh gestorben

In der Tegeler Wittestraße liegt auf einem 20.000 Quadratmeter großen Grundstück ein Stück Russland in Berlin verborgen – und das im wahrsten Sinne des Wortes. Denn als im Jahr 1893 der Friedhof für die Russisch-Orthodoxe Kirchengemeinde angelegt wurde, ließ der Probst der Gemeinde, Aleksej Petrowitsch Maltzew (1854-1915) 4.000 Tonnen russischer Erde nach Tegel bringen. Erde aus der Heimat für russische Verstorbene.

Eine malerisch aussehende Kapelle aus gelbem Backstein mit blauen Zwiebeltürmchen ziert die Anlage. Seit 1894 wird hier bestattet, bis heute. Die Wechselfälle der Geschichte des riesigen Landes spiegeln sich auf dem Friedhof. Adelige, Priester, Botschafter, Generäle ruhen hier. Viele von ihnen kamen nach dem Zusammenbruch des Zarenreichs. „Von 1921 bis 1923 galt Berlin als Hauptstadt der russischen Emigranten“, sagt Meinhard Schröder. Der Theologe hat sich ausführlich mit der Geschichte des Friedhofs beschäftigt.

Zwei auf dem Boden liegende Bronzetafeln erweckten sein Interesse, er begann zu recherchieren und fand heraus, dass hinter ihnen eine tragische Geschichte steckt – eine, die erzählt werden sollte, auch wenn sie schmerzlich ist. „Die zwei Tafeln enthalten die Namen und Lebensdaten von russischen Kindern, die zum Teil nicht einmal ein Jahr alt geworden sind“, erklärt Meinhard Schröder. In Schwerin geboren, hat er, bevor seine Familie kurz vor dem Mauerbau nach Westberlin flüchten musste, noch Russisch gelernt. Langsam liest er die Namen der Kinder vor: „Da ist die siebzehnjährige Swjatoslawa Budjennaja, die elfjährige Anna Klimenko – sie sind die älteren Kinder. Wladimir Rschewskij jedoch wurde nur einen Monat alt, Galina Popowitsch 18 Monate. Ich habe mich gefragt, was mit ihnen geschehen ist.“ Fest stand für Meinhard Schröder von Anfang an, dass es sich nicht um Opfer der Endkämpfe um Berlin handeln könne. „Alle vierzehn Kinder starben in der Zeit vom 26.12.1943 bis zum 26.11.1944.“

Grabstätte oder Gedenktafeln? Auf jeden Fall Erinnerung an viel zu jung gestorbene sowjetische Kinder.

Er begab sich auf Spurensuche in der Literatur und wurde fündig. „Ein Stück entfernt von den heutigen Bronzetafeln hat es mindestens bis 1994 noch ein orthodoxes Kreuz gegeben mit der Aufschrift *Hier ruhen die Kinder sowjetischer Mütter, die von Faschisten verschleppt worden waren.*“ Das Kreuz mit der Aufschrift steht dort heute nicht mehr. Möglicherweise wurden die Bronzetafeln geschaffen, um das Kreuz zu ersetzen. Sie nennen zwar die Namen der Kinder, erzählen aber nichts darüber, wer sie waren und warum sie starben.

„Es sind die Kinder sowjetischer Zwangsarbeiterinnen“, erklärt Meinhard Schröder. „Im Fall der siebzehnjährigen Swjatoslawa Budjennaja dürfte es sich sogar selbst um eine Arbeiterin gehandelt haben, denn auch die Kinder mussten schon unter unsäglichen Bedingungen schuften. Und die Menschen aus der Sowjetunion lebten im Lager am unteren Ende der Hierarchie."

Kaum jemand weiß, dass sich zur NS-Zeit direkt neben dem Friedhof ein größeres Zwangsarbeiterlager befand. „Nach dem Überfall auf die Sowjetunion im Sommer 1941 wurden teilweise ganze Dörfer, sogar mit Kleinkindern, deportiert", erzählt der Tegeler. „Aber es wurden auch Kinder in Berlin geboren, da Männer und Frauen zusammen in den Baracken lebten und es zudem Übergriffe vom deutschen Wachpersonal gab."

Die Überlebenschancen dieser Kinder waren minimal, das zeigen die Bronzetafeln eindrucksvoll. Die Versorgungslage war schlecht, die Mütter mussten nach einer kurzen Schonfrist wieder arbeiten und ihre Kinder in sogenannten „Kinderpflegestationen" zurücklassen. „Der reinste Hohn, diese Bezeichnung", sagt Schröder, „denn hier war ihr Verhungern einkalkuliert."

Meinhard Schröder konnte nicht herausfinden, ob sich unter den Bronzetafeln wirklich die Gräber der Kinder befinden, denn das Kreuz, das ursprünglich ihr Schicksal benannte, stand an einer anderen Stelle. „Möglicherweise hat es eine Umbettung gegeben oder es sind Gedenktafeln, auch wenn der Raum drum herum als Grabstätte gestaltet ist." Und er fügt hinzu: „Es gibt sogar Aussagen darüber, dass es den Zwangsarbeiterinnen nicht gestattet war, ihre Kinder auf dem Friedhof zu bestatten." Schicksale, die betroffen und sprachlos machen.

Es gibt erste Überlegungen, für die viel zu früh verstorbenen Kinder ein Denkmal zu errichten. Meinhard Schröder würde das befürworten. Manche Geschichten gehören einfach erzählt. Immer wieder.

So geht's zu den Bronzetafeln:

Die Tafeln befinden sich auf dem Russisch-Orthodoxen Friedhof in der Wittestraße 27, vom Eingang kommend rechts an der Friedhofsmauer unter dem Denkmal für Michail I. Glinka.

Zeugnis friedensbewegter Zeiten: Ulrich Sonn und Arno Helwig vor der Tür mit den Aufklebern.

25

Tür

Geschichten aus einem widerständigen Haus

K*ein Blut für Öl. Raketen in den Müll. Frieden schaffen ohne Waffen …* Bunt sieht sie aus, die Tür inmitten der Dauerausstellung des Martin-Niemöller-Hauses. Wer sich mit der Geschichte des Hauses beschäftigt, weiß: Dass diese Tür so aussieht, wie sie aussieht, ist kein Zufall, und da hat auch niemand bei der Sanierung vor einigen Jahren vergessen, das Holz zu streichen. Nein, es ist glatte Absicht, die Aufkleber haben dort seit Jahrzehnten ihren Platz und sollen ihn auch behalten. Sie transportieren nämlich auf authentische und zugleich bildhafte Weise den Geist von über vier Jahrzehnten friedensbewegtem Engagement an diesem ehemaligen Pfarrhaus. Der wohl bekannteste Bewohner, Pfarrer Martin Niemöller (1892-1984), etablierte hier, wenn man so will, von Anfang an einen widerständigen Geist. Arno Helwig, Historiker und Leiter des Martin-Niemöller-Hauses, erzählt davon, wie alles begann: „Hier fanden konspirative Treffen statt, um zu beraten, wie man auf die Übernahme des sogenannten Arierparagraphen in das Kirchenrecht reagieren wolle. Hier befand sich die Geschäftsstelle des Pfarrernotbundes und hier trafen sich auch noch nach Niemöllers Verhaftung engagierte Gemeindeglieder und Bekenntnischristen" (siehe Geheimnis Tresor).

Doch damit endet die facettenreiche Geschichte des Hauses nicht. Ende der 1970er-Jahre stellte sich die Gemeinde mit dem Auszug der damaligen Pfarrersfamilie die Frage nach der Weiternutzung der Immobilie, die als Pfarrwohnung viel zu groß geworden war. Zum Vergleich: Familie Niemöller lebte hier noch mit sieben Kindern und zwei Bediensteten. In den ursprünglichen Plänen des Architekten Heinrich Straumers waren in dem 1910 erbauten Haus sogar noch Gemeinderäume für die Küsterei oder den Konfirmandenunterricht vorgesehen. Eine Nutzung in diesen Dimensionen war mittlerweile nicht mehr gegeben.

Und so fiel die Entscheidung der Entwidmung des Gebäudes als Pfarrhaus zugunsten eines lebendigen Ortes für den Frieden in Zeiten des Kalten Krieges – dies war der Startschuss für den neu gegründeten Verein „Friedenszentrum Martin-Niemöller-Haus e.V." „Der Gedanke dahinter war, friedenspolitischem Engagement kirchlicher und zivilgesellschaftlicher Akteure Raum zur Entfaltung zu geben", erklärt Arno Helwig. Und Ulrich Sonn, einer, der von Anfang an im neugegründeten Friedenszentrum mitarbeitete und später hier seinen Dienstsitz hatte, ergänzt: „Vereint im Geist des Dreiklangs von Frieden, sozialer Gerechtigkeit und Bewahrung der Schöpfung hat hier ein weitgefächertes Spektrum gesellschaftspolitischer Arbeit seinen Platz eingenommen." Um nur einige zu nennen: Amnesty International, Aktion Sühnezeichen Friedensdienste (ASF), Service Civil International (SCI), der Internationale Versöhnungsbund, ein Dritte-Welt-Laden, NABU-Gruppen ... Die Deutsche Friedensgesellschaft, deren Präsident Niemöller lange Zeit war, stellte im Haus eine Anlaufstelle für Kriegsdienstverweigerer aus der Bundesrepublik bereit.

28 Jahre lang hat Ulrich Sonn für den Internationalen Versöhnungsbund hauptamtlich gearbeitet, beigetreten ist er der 1914 gegründeten Organisation im Jahr 1969. Heute ist er weiter ehrenamtlich aktiv. Es war die Kultur der Gewaltfreiheit, die ihn, der als kleiner

Junge seinen Vater im Krieg verloren hat, ansprach und die sein (Berufs-)Leben geprägt hat. „Anfang der 80er-Jahre, als die Friedensbewegung ihren Höhepunkt erreichte und sich zur atomaren Bedrohung das Erkennen der ökologischen Herausforderungen gesellte, entwickelten verschiedenste Gruppen hier im Haus Programme und Aktionsformen, um diesen globalen Herausforderungen zu begegnen", erinnert er sich und ergänzt: „Wir vernetzten uns – etwa als Versöhnungsbund, SCI und ASF – mit Friedensgruppen in Europa und den USA, führten jeweils weltweit Workcamps, Freiwilligendienste und Begegnungsprogramme durch." Diese entwicklungs- und friedenspolitischen Lernprojekte hatten zum Ziel, Vorurteile abzubauen, interkulturelle Kompetenzen aufzubauen und die Augen für die Bedingungen von Gerechtigkeit und Frieden zu öffnen. Das alles gehört zusammen und öffnet den Geist für das Gemeinsame im Andersartigen. Vom Martin-Niemöller-Haus aus hat Ulrich Sonn internationale Tagungen und Freiwilligendienste organisiert, junge Menschen in die Welt hinausgeschickt, sie ermutigt, nach ihrer Rückkehr mutige Fragen an das Zusammenleben in unserer eigenen Gesellschaft zu stellen und offen zu sein.

Auch am damaligen Friedenszentrum selbst fanden zahlreiche Begegnungen und Aktivitäten statt, so etwa die alljährlichen Workcamps mit Freiwilligen des SCI, die zur Ertüchtigung des Martin-Niemöller-Hauses beitrugen, oder ein israelisch-palästinensisch-deutsches Seminar des Versöhnungsbunds zu „Gewaltfreier Kommunikation", oder eine polnisch-deutsche Konferenz, deren Eröffnung am denkwürdigen 9. November 1989 stattfand. „Ob im Martin-Niemöller-Haus oder bei Projekten in Tanzania, USA, Russland, Israel oder anderswo, die Teilnahme an solchen Program-

Die Tür mit ihren Aufklebern ist ein Zeugnis der gesellschaftspolitischen Arbeit im Martin-Niemöller-Haus.

men prägt und wirkt nachhaltig." Interkulturelle „Völkerfamilie" nennt Ulrich Sonn das, was während der Jahrzehnte gewachsen ist und mit dem Geist und der Arbeit des Hauses verbunden bleibt, und das klingt nach einer Welt, wie wir sie uns wünschen. Irgendwann fing es an und die Aufkleber an der Tür wurden mit jeder Gruppe im Haus immer mehr. Als es schließlich 2016-2019 umfangreich saniert und die neue Dauerausstellung zur Geschichte der Bekennenden Kirche in Dahlem installiert wurde, stand fest: Diese Tür ist ein Zeitzeugnis eines weiteren Kapitels der Nutzungsgeschichte des Hauses, das sich der Erzählung vom Kirchenkampf in den 1930er-Jahren und dem Mut und Versagen des christlich motivierten Widerstands gegen das NS-Regime anschließt.

„Pfarrhaus, Friedenszentrum, Unterkunft für Geflüchtete und Beratungsstelle für Kriegsdienstverweigerer, Kindertagesstätte und heute Lern- und Erinnerungsort", zählt Arno Helwig einige der vielfältigen Funktionen des Hauses auf und macht noch einmal die Traditionslinien zwischen dem früheren Friedenszentrum und der derzeitigen Arbeit am Haus deutlich: „Der Rückbezug zu den Lehren der Dahlemer Zeit im Nationalsozialismus stellt – damals wie heute – die Grundlage für das Themenspektrum dar, das am Martin-Niemöller-Haus in Veranstaltungen, pädagogischen Modulen und Diskussionsangeboten verhandelt wird."

„Pfarrhaus, Friedenszentrum, Unterkunft für Geflüchtete und Beratungsstelle für Kriegsdienstverweigerer, Kindertagesstätte und heute Lern- und Erinnerungsort."

So geht's zur Tür:

Die Tür mit den Aufklebern kann beim Rundgang durch die Dauerausstellung des Martin-Niemöller-Hauses besichtigt werden. Es befindet sich in der Pacelliallee 61. Der Eintritt ist frei.

Vom Heide- zum Fledermausbunker: Christian Bormann hat sich ausführlich mit der Geschichte des Bunkers und des ihn umgebenden Areals beschäftigt.

26

Bunker

Unterwegs mit einem Spurenfinder

In der Schönholzer Heide ist alles grün und nochmals grün – ohne Christian Bormann an der Seite würden sich nur Fragezeichen auftun. Wie bitte? Hier soll mal ein riesiger Vergnügungspark gewesen sein? Wie kann denn etwas so Großes so spurlos verschwinden? Und noch dazu: Was ausgerechnet ein Bunker mit diesem Rummelplatz zu tun hat, das alles kann der Pankower erzählen, der Mann kennt hier jeden Stein. Das mag zum einen damit zu tun haben, dass er schon als Steppke, mit einem Handwagen ausgestattet, in verwaisten Hinterhöfen auf Schatzsuche ging, und zum anderen, dass er einfach eine große Liebe zu seinem Stadtteil hegt.

Was Hänschen lernt, kann Hans noch besser. Ein Schatzfinder ist er immer noch, manchmal sogar ohne zu suchen. „Bei einer Erkundung im Jahr 2014 stolperten wir beinahe über ein achteckiges Stück Rohr, das aus dem Boden ragte“, erzählt der Heimatkundler. Jemand anderes wäre wohl vorbeigegangen, nicht so Christian Bormann und seine Begleiterin Nadine Kreimeier. „Behutsam zogen wir an dem Stück und es wurde immer länger, wir trauten unseren Augen kaum, als wir schließlich eine Muskete aus dem Boden holten.“ Die Radschloss-Muskete, ein sogenannter Jägerstutzen, Baujahr 1640, ist heute Teil der Sammlung des Museums Pankow. „Wahrscheinlich wurde sie zur Jagd genutzt oder im Dreißigjährigen Krieg zum Einsatz gebracht.“ Christian Bormanns Interesse an Geschichte führte ihn auch zu dem Bunker, der in der Schönholzer Heide aus dem Boden ragt. „Er hat eine Menge Namen bekommen im Lauf der Geschichte“, erzählt er, „zuerst hieß er Luna-Bunker, auch Heide-Bunker, später nannte man ihn Kartoffelbunker und noch später Champignonbunker.“ Der Vollständigkeit halber sollte erwähnt werden, dass ihn heute Fledermäuse als Winterquartier benutzen, da wäre doch zeitnah die nächste Umbenennung fällig.

Nun aber zu dem Teil der Geschichte, an dem alles miteinander verknüpft wird: der Rummelplatz, der Bunker, die Schönholzer Heide. „Die Schönholzer Heide war ein beliebtes Ausflugsziel, seit hier die Berliner Nordbahn ab 1877 Halt machte“, erklärt Christian Bormann. „Es hatte bis 1933 in Halensee den *Luna-Park* gegeben, der aber geschlossen wurde, deshalb gingen die Schausteller auf die Suche nach einem neuen Festplatz.“ Ihre Wahl fiel auf die Schönholzer Heide, wo sie sich von der dort ansässigen Schützengilde ein großes Stück Land mieteten. „Und dann entstand das *Traumland*, ein Vergnügungspark der Extraklasse.“ 1936 war das Jahr der Olympischen Spiele, das brachte Gäste von überall her nach Pankow, die sich in Scharen auf dem größten Rummelplatz Berlins vergnügten. „Die größte Sensation war die 18 Meter hohe Himalaya-Bahn“, es habe unter anderem ein Riesenrad, die Wasserrutsche und für uns heute eher befremdlich eine Liliputaner-Show gegeben, erzählt er. Auch für durstige Kehlen war gesorgt. In den um den Park herum angesiedelten Restaurants und Biergärten aßen, tranken und feierten Tausende Menschen. „Die Bayernhalle, die Ochsenbraterei, Tanz in Thiemanns Festsälen … hier konnte man schon mal die Zeit vergessen."

Die Geschichte des Areals ist aber nicht fertig erzählt ohne das, was schließlich folgte. „Mit dem Ausbruch des Zweiten Weltkriegs wurde der Vergnügungspark Traumland von den Nationalsozialisten zum Zwangsarbeiterlager umfunktioniert", erklärt Christian Bormann. „Die Pankower nannten es das Luna-Lager. Es wurden Baracken errichtet, aber die Arbeiter und Arbeiterinnen wurden auch in den einstigen Vergnügungsorten und Attraktionen untergebracht, das muss man sich mal vorstellen. Vom Traumland zum Alptraumland!" Zu lachen und zu feiern hatte hier niemand mehr etwas. „Als sich die Luftangriffe auf Berlin und somit auch auf Pankow verstärkten, wurde das Lager um einen Luftschutzbau für die Zwangsarbeiter erweitert", erzählt der Heimatforscher, „den Luna-Bunker." Auf dem Gelände wurde auch ein Friedhof für die Opfer der Bombardierungen angelegt.

Heute gibt es einen kleinen, eingezäunten Ehrenhain mit Gedenktafeln in dem Areal. Der ist beinahe alles, was noch an die Zeit erinnert, als der Vergnügungspark zum Zwangsarbeiterlager wurde. Christian Bormann jedoch erkennt sie noch, die Überbleibsel dieses Stücks Pankower Geschichte. Da gibt es Wegereste und Fundamentbrocken und natürlich den Bunker, den heute die Fledermäuse bewohnen. Das sichert seinen Bestand, denn zwischenzeitliche Pläne, ihn abzureißen, sind wegen der besonderen Bewohner auf Eis gelegt. Christian Bormann freut es, denn der Bunker gehört zum Areal, das seine Geschichte ansonsten sorgsam unter Grün versteckt hält.

So geht's zum Bunker:

Der oberirdische Bunker liegt an der Ziegelsteinmauer des Schützenhauses „Schloss Schönholz", gut sichtbar zwischen Hermann-Hesse-Straße und geschottertem Fußballplatz. Das Areal des ehemaligen Traumlands liegt hinter dem Paul-Zobel-Sportplatz parallel zur Hermann-Hesse-Straße.

Boris Dammer am Ehrengrab für Käthe Paulus: Er ist fasziniert vom Leben dieser mutigen Frau.

27

Grabstein

Powerfrau in Pluderhosen

Die kleine Grabstätte von Käthe Paulus auf dem Dankesfriedhof in Reinickendorf wird von einem schlichten und unauffälligen Stein geschmückt. Allein die Inschrift vermag Aufmerksamkeit auf sich zu ziehen, denn sie verrät: Hier ruht Deutschlands erste Fallschirmspringerin und Ballonfahrerin. „Bei ihren legendären Absprüngen waren Tausende Schaulustige zugegen“, sagt Boris Dammer. Der Autor und Journalist ist fasziniert von Käthe Paulus: „Sie war unglaublich mutig. Und was auch geschah, sie hat sich nicht unterkriegen lassen.“ Doch 1868 in einem Dorf in Hessen in einfachen Verhältnissen geboren, war ihr ein aufregendes Leben eher nicht in die Wiege gelegt. „Sie ist zuerst Schneiderin geworden", erzählt Dammer, „da erwarb sie Kenntnisse, die sich im Verlauf als sehr nützlich erwiesen."

Ballonfahren und Fallschirmspringen waren im 19. Jahrhundert Jahrmarkt-Unterhaltung fürs staunende Publikum und dabei unglaublich gefährlich. Woher Käthes Wagemut kam, lässt sich – auch unter den zu ihrer Zeit geltenden Vorstellungen vom Leben einer Frau – kaum erklären. Den Startschuss für ihre Karriere als Flugpionierin gab die Begegnung mit Hermann Lattemann (1852-1894), dem Ballonflieger und Fallschirmspringer. „Der Legende nach soll er ihr irgendwann zwischen 1889 und 1890 in den Vorgarten geflogen sein", erzählt Boris Dammer schmunzelnd. Denn mit dem Fallschirm sicher oder gar punktgenau zu landen, das sollte auch Käthe später noch oft genug erfahren, war eine Kunst für sich.

Wo auch immer sie sich kennengelernt haben mögen – die Begegnung war schicksalhaft. Lattemann und Paulus wurden sowohl ein Team als auch ein Paar. Ihr Sohn Wilhelm Hermann wurde 1891 geboren. Geheiratet, auch das ist ungewöhnlich, haben sie nie. Käthe, die gelernte Näherin, machte sich an Lattemanns Seite anfangs mit Ballons und Fallschirmen vertraut, indem sie diese nähte und ausbesserte. Dabei blieb es aber nicht. Bei Weitem nicht. „Im Jahr 1893 stieg sie das erste Mal mit ihrem Verlobten auf", erzählt Boris Dammer. „Er wollte vom Ballon aus mit dem Fallschirm abspringen, sie sollte den Ballon, der bislang immer führerlos weitergetrieben war, anschließend landen."

Bei dem Gedanken, was Käthe Paulus sich traute, läuft es einem kalt den Rücken runter, denn es war ja nicht etwa so, dass sie vorher jemals hätte üben können, so ein Fluggerät, das sich nicht einmal lenken ließ, zu landen. Aber wie wir wissen, mangelte es ihr nicht an Mut und sie nahm die Aufgabe an. Vielleicht auch deshalb, weil die Behörden in Sachsen und Wiesbaden Käthe in den Jahren zuvor geplante Aufstiege verboten hatten. Betätigung von Damen in der Luftfahrt? Ja, wo käme man denn da hin?

In Nürnberg, wo schließlich ihr erster Aufstieg stattfand, war man gnädiger, allerdings musste ein Stadtrat als Sittenwächter mit an Bord. Nach Lattemanns Absprung vergaß Käthe, das Ventil zu ziehen, sodass der Ballon, statt langsam zu sinken, erst einmal dramatisch in die Höhe schoss, wo die Ballonhülle auch prompt Risse kriegte. Nun reagierte sie beherzt, öffnete das Ventil und schmiss zudem alles über Bord, was Ballast war – inklusive Mänteln und einer Cognacflasche. Die Landung in einem Hopfenfeld war unsanft, aber alle waren zufrieden. Und Tausende jubelten ihnen zu. Bereits bei ihrem dritten Aufstieg wagte Käthe selbst den Absprung. Auf 1.200 Metern Höhe glitt sie aus dem Ballon, alles klappte. Ein Lokomotivführer wurde zwar zu einer Vollbremsung gezwungen, weil sie knapp vor seinem Zug über die Gleise rauschte, aber alles ging gut – 516 Ballonfahrten und 145 Fallschirmsprünge lang.

„In ihrem Leben gab es allerdings zwei schwere Schicksalsschläge", berichtet Boris Dammer weiter über Käthe Paulus' Biografie. „Im Juni 1894 verunglückte ihr Partner tödlich, und sie musste es mit ansehen." Die beiden waren zusammen aufgestiegen, Käthe war mit dem Fallschirm abgesprungen und Hermann hatte sich eine Technik überlegt, die seinen Ballon durch eine Art Zweiteilung in der Luft ebenfalls in einen Fallschirm verwandeln sollte. Da das nicht gelang, stürzte er in die Tiefe und starb. „Nur ein Jahr später erlag ihr Sohn einer Diphtherie-Erkrankung. Das muss so unglaublich schwer gewesen sein. Die meisten Menschen aus ihrem Umfeld hätten wohl gedacht, dass sie ihren gefährlichen Beruf nun an den Nagel hängen und nie mehr einen Ballon besteigen würde."

„In ihrem Leben gab es allerdings zwei schwere Schicksalsschläge."

Aber so war es nicht. Im Gegenteil: Käthe tourte nach einer Phase des Rückzugs mit ihren Ballons durch ganz Europa. Ihre Auftritte waren eine Sensation. Als Luftheldin wurde sie gefeiert und ihr Sonderstatus erlaubte ihr auch vollkommen unkonventionelle Kleidung – Pluderhosen, Stiefel, dazu eine Bluse und eine flache Mütze. Ihr Erfindungsreichtum ließ sie immer neue Kunststücke wagen, sie stieg mit am Ballon hängenden Trapezen, künstlichen Tieren oder sogar einem Fahrrad auf. Besonders gewagt war der sogenannte Doppelabsturz, bei dem sich nach dem Ausstieg aus dem Korb und dem darauffolgenden freien Fall ein Fallschirm öffnete, sich aber kurz darauf von ihr löste. Während sie nun erneut einige Sekunden ungebremst in die

Tiefe stürzte, klappte ein weiterer Fallschirm auf. Dass die Zuschauer den Atem anhielten, versteht sich von selbst. „Miss Polly, so nannte sie sich zuweilen, würden wir heute wohl eine Powerfrau nennen", fasst Boris Dammer es zusammen. „Aber sie behielt auch den Respekt vor dem, was sie tat, und sie tüftelte an immer neuen Techniken."

Auf Käthe Paulus geht eine Erfindung zurück, die in der Luftfahrt bis heute verwendet wird: der Paketfallschirm. Dabei werden das Tuch und die Leinen so zusammengepackt, dass sich beides beim Öffnen nicht ineinander verwickeln kann und das ganze Paket nur wenig Platz benötigt. Ihre Erfindung bot sie, nach Beginn des Ersten Weltkriegs, dem Preußischen Kriegsministerium an und wurde nach anfänglichem Zögern beauftragt, diese zu produzieren. „Mit 40 Näherinnen stellte sie rund 7.000 Fallschirme her, und es ist belegt, dass sich zahlreiche militärische Beobachter aus abgeschossenen Fesselballons mit ihren Fallschirmen retten konnten."

„Aber sie behielt auch den Respekt vor dem, was sie tat, und sie tüftelte an immer neuen Techniken."

Erst in den letzten rund 15 Jahren ihres Lebens wurde es still um Käthe Paulus. „Sie lebte in der Gotthardstraße 2 in Reinickendorf", sagt Boris Dammer, „da gibt es heute auch eine Gedenktafel. Als sie 1935 starb, war ihr einstiger Ruhm fast vergessen." Heute erinnern, neben dem Berliner Ehrengrab, in zahlreichen Orten Käthe-Paulus-Straßen an die Luftakrobatin und Erfinderin. Gut so, denn die Powerfrau in Pluderhosen hat sich einen Platz in der ersten Reihe der Menschen, die vom Fliegen träumten, wahrlich verdient.

So geht's zum Grabstein:

Das Ehrengrab für Käthe Paulus befindet sich auf dem Dankesfriedhof, Blankestraße 12, im Abschnitt D-2-32.

Betreten des
Grundstücks
verboten!

Eingang

Kleinod im Wandel

Durch diese schwere hölzerne Tür geht schon lange niemand mehr: Ein gelbes Schild warnt vor dem Betreten der Ruine. Schwer zu glauben, aber manche Orte liegen – dem Tempo der Großstadt zum Trotz – sogar mitten in Berlin im Dornröschenschlaf. Dann wachsen da Hecken herum, Birken heraus und Efeu an den Mauern entlang. Passenderweise heißt das verwunschen aussehende Areal auch noch Wiesenburg, auch wenn das rund 13.000 Quadratmeter große Gelände im Wedding keine mittelalterliche Burg ist, sondern im Jahr 1896 seine Pforten als Schutzraum für Wohnungslose öffnete. Da sollte man hingehen. Sich das anschauen. Denn Berlin verändert sich, das war schon immer so – und ist auch hier so.

Ulrich Kellermann wohnt ganz in der Nähe. Es hat ein Weilchen gedauert, bis der bildende Künstler das an der Panke gelegene Areal näher unter die Lupe nahm. „Es liegt ein Stück weit weg von der Hauptstraße“, sagt er, „ganz bewusst, denn es sollte ein sicherer Rückzugsort sein. Durch die Tür hier ging es in die Sammelhalle.“ Dahinter lagen Schlafsäle für Hunderte von Menschen. Denn Männer und Frauen ohne Obdach gab es viele im Berlin des Kaiserreichs.

Hinter der Schaffung des Asyls stand ein Verein von Menschen, denen das Schicksal der Ärmsten von Berlin nicht gleichgültig war und die die Wiesenburg quasi aus dem Boden stampften. Der „Berliner Asylverein für Obdachlose“ gründete sich 1868, angeregt von finanzkräftigen Berlinern, die eine Einrichtung außerhalb von behördlicher Einflussnahme schaffen wollten. Bislang waren in Berlin nämlich nur zwei Möglichkeiten der Unterbringung von Wohnungslosen vorgesehen gewesen: Polizeigewahrsam oder Arbeitshaus, beide eher entwürdigend als hilfreich.

Der Verein schuf mit Hilfe von großzügigen Spenden mehrere Einrichtungen in der Stadt, aber es gab dort Probleme. Die langen

Dirk Feistel, Heather Allen und Ulrich Kellermann (v.l.) wünschen sich, dass die Wiesenburg als Areal von Kunst, Kultur und Handwerk erhalten bleibt.

Schlangen der Bedürftigen, die sich oft schon am Nachmittag bildeten, störten die Anwohner. Beschwerden folgten. „Da fand der Verein das Grundstück in der Wiesenstraße", erzählt Künstlerin Heather Allen, die ihre Recherchen zur Wiesenburg in einer zweisprachigen Publikation festgehalten hat. „Der Verein erwarb es im Jahr 1895 und musste sich der Herausforderung stellen, es innerhalb eines Jahres zu bebauen. Das war die Auflage des Berliner Magistrats. Und sie schafften es. Im Dezember 1896 öffnete das Haus für 700 Männer." Zu den Unterstützern des Vereins zählten Prominente wie der Mediziner Rudolf Virchow (1821-1902), SPD-Politiker Paul Singer (1844-1911) und Carl Bolle (1832-1910), der bekannte Meierei-Besitzer. Auch die Königin und spätere Kaiserin Augusta griff dem Verein finanziell unter die Arme.

Verwunschen, wildromantisch, märchenhaft – die Überbleibsel der einstigen Sammelhalle regen die Fantasie an. Ein wunderbarer Ort für Kreative und Künstler.

„Im Jahr 1905 wurde noch ein Grundstück dazugekauft und das Asyl für 400 Frauen und Kinder eröffnete zwei Jahre später", sagt Heather Allen und fährt fort: „Die Besonderheit des Vereins zeigte sich vor allem in seinen Grundsätzen. Anonymität, weil Obdachlosigkeit weder Verbrechen, Schuld noch Makel ist. Achtung, was bedeutete, dass niemand arbeiten oder an Gottesdiensten teilnehmen musste, um Unterschlupf zu finden. Und ganz wichtig: Hygiene, um die Ausbreitung von Infektionskrankheiten wie Cholera zu verhindern. Riesige Dusch- und Badeanlagen, Krankenzimmer und die zeitweise Anwesenheit eines Arztes belegen das." Die Polizei hatte keinen Zugang zum Gelände. Die Wiesenburg: ein Schutzraum durch und durch. Und auch baulich zu Ende gedacht. „Es gab eine Werkstatt, eine

Wäscherei, eine eigene Stromversorgung mittels Dampfmaschine und natürlich eine Küche mit den entsprechenden Gerätschaften, wie zum Beispiel einem Kessel für 400 Liter Suppe."

Ab 1914 begann nach und nach Gewerbe auf dem Gelände einzuziehen. Das hing damit zusammen, dass die Besucherzahlen in den Unterkünften erheblich abnahmen und sich zum anderen die finanzielle Situation des Vereins infolge des Krieges verschlechterte. Deshalb verpachtete dieser von 1922 bis 1927 die ganze Anlage an die Jüdische Gemeinde, die dort jüdische Flüchtlinge aus Osteuropa unterbrachte und ihrerseits nicht genutzte Räume an eine Dampfwäscherei vermietete. Weitere Firmen kamen und gingen. Mit der Übernahme von Reparaturen und Erneuerungen aus Mitteln der Stadt Berlin ab 1926 verlor der Verein seine Unabhängigkeit. Auch das gesellschaftliche Klima gegenüber den Obdachlosen verschlechterte sich weiter. Wer es nicht schaffte, eine Arbeit zu bekommen, galt als Asozialer. Das Asyl wurde 1931 im Zuge der weltweiten Finanzkrise für immer geschlossen.

„Es gab eine Werkstatt, eine Wäscherei, eine eigene Stromversorgung mittels Dampfmaschine und natürlich eine Küche mit den entsprechenden Gerätschaften, wie zum Beispiel einem Kessel für 400 Liter Suppe."

Die „Nationalsozialistische Volksfürsorge" beschlagnahmte schließlich im Jahr 1933 das Vermögen des Vereins, die Räume wurden durch eine Vielzahl verschiedener Betriebe gewerblich weitergenutzt, insbesondere zur Herstellung von Rüstungsgütern während des Krieges. Eine Brandbombe zerstörte 1945 die Schlafsäle des Männerasyls. Auch Straßenkämpfe hinterließen ihre Spuren an den Gebäuden.

„Nach dem Krieg wurden 2.400 Kubikmeter Schutt vom Gelände geräumt", erzählt Heather Allen. Doch dann begann der Dornröschenschlaf. „Zeitzeugen berichten, dass der Ort schon damals etwas Verwunschenes hatte. Erst ab Ende der 1980er-Jahre öffnete die Wiesenburg nach und nach wieder ihre Pforten."

Davon kann Dirk Feistel erzählen. Er – wie auch Heather Allen – ist Mitglied im Vorstand des Vereins „Die Wiesenburg", der sich 2015 gegründet hat, nachdem die Berliner Wohnungsbaugesellschaft

Degewo die neue Eigentümerin des gesamten Areals geworden war. „Die Anlage steht seit 1983 vorläufig und seit 1995 endgültig unter Denkmalschutz", erklärt er. „Sie ist seit den 1980er-Jahren nach und nach ein sehr lebendiger Ort geworden. Filme wurden hier gedreht, vielfältige Kulturevents, wie Konzerte und Ausstellungen, gehören zum Programm in den noch nutzbaren Arealen. Wir haben hier mit Schulkindern kreativ und künstlerisch gearbeitet und vieles mehr. Nachdem die neue Situation eingetreten war, beschlossen wir, uns zu organisieren und dem, was wir tun, eine stärkere Sichtbarkeit und somit Öffentlichkeit zu geben." Denn dieser Ort ist einzigartig, so viel steht fest. „Wo findet man im Zentrum der Stadt noch kreative Freiräume wie auf der Wiesenburg?", fasst Dirk Feistel zusammen und Heather Allen nickt dazu. „Es ist so ein riesiger Glücksfall, dass es das Areal in der Form überhaupt noch gibt", sagt sie.

„Es ist so ein riesiger Glücksfall, dass es das Areal in der Form überhaupt noch gibt."

Aber weil die Zeit nun mal nicht stehenbleibt, wird hier nach Lösungen gesucht, die Eigentümerin und Verein gleichermaßen gerecht werden. „Der ehemalige große Garten ist nun bebaut", sagt Dirk Feistel. „Das war schon hart, diese grüne Fläche schwinden zu sehen, aber Berlin braucht Wohnraum. Und hier im Wedding soll das auch bezahlbarer Wohnraum sein. Ohne Kompromisse geht es nicht."

Die Wiesenburg wurde einst von einem Verein geschaffen und wird nun von einem Verein bewahrt. Wenn sich irgendwann in der ferneren Zukunft die schwere hölzerne Tür der einstigen Sammelhalle wieder öffnet, bleibt die Wiesenburg, was sie ist und schon immer war: ein ganz besonderer Ort – kreativ, offen und solidarisch.

So geht's zum Eingang:

Die hölzerne Tür, der Eingang zur einstigen Empfangshalle, befindet sich auf dem Areal der Wiesenburg in der Wiesenstraße 55.

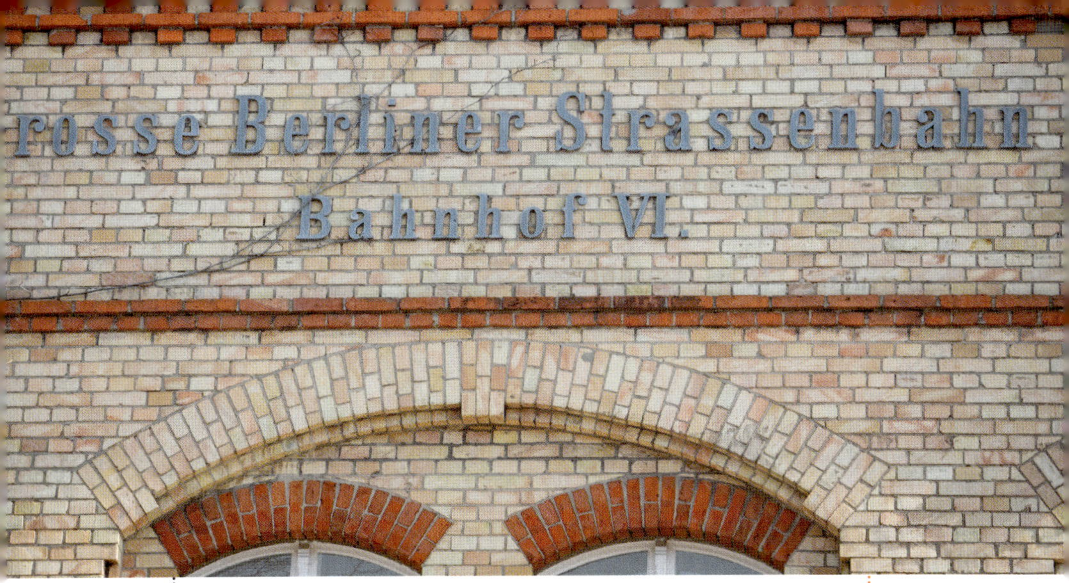

58 Jahre fuhr die Elektrische durch Tegel. Nur die Schrift ist noch da.

29

Aufschrift

Auf den Spuren der Tegeler Straßenbahn

Michael Grimm und sein Team vom Geschichtsforum Tegelportal archivieren viel historisches Material, auch Nachlässe werden ihnen oft überantwortet. Alles zu digitalisieren, ist eine Mammutaufgabe, aber die Historie des einstigen Dorfes, das seit 1920 ein Stadtteil von Berlin ist, soll bewahrt und zugänglich bleiben. Die Arbeit lohnt sich also.

„Vor einiger Zeit sichtete ich eine Fotosammlung", erzählt Michael Grimm und lächelt dabei. „Da hielt ich plötzlich eine Aufnahme vom 31. Mai 1958 in den Händen. Darauf ist Willy Brandt zu sehen, damals Regierender Bürgermeister von Berlin. Er eröffnete feierlich die U-Bahn-Linie nach Alt Tegel. Ganz in der Nähe drückt sich ein kleiner Bengel herum – und das bin ich." Sternstunden eines Heimatforschers: „Ich kann mich auch daran erinnern, dass mir Willy Brandt damals über den Kopf gestrichen hat."

Mit der Eröffnung der U-Bahn kam allerdings das Ende für ein anderes Verkehrsmittel – die Straßenbahn. Und aus dem Straßenbild Tegels ist alles, was an sie erinnern könnte, vollständig verschwunden. Na gut, fast vollständig. Michael Grimm weiß, wo sich ein Relikt versteckt hat, das an sie erinnert. Es gibt noch einen Schriftzug in einer Sackgasse: *Große Berliner Straßenbahn / Bahnhof IV.* ist dort in luftiger Höhe an einem gelben Backsteinbau zu lesen. Wer es nicht weiß, schaut dort bestimmt nicht hin.

Tegel hatte schon immer viel zu bieten. „Einst außerhalb des quirligen Berlins gelegen, ist der Tegeler See ein wunderbarer Naherholungsort", sagt Michael Grimm. „Aber der war schwer zu erreichen. Das änderte sich erst, als am 3. Juni 1881 das Netz der Großen Berliner Pferde-Eisenbahn-AG bis nach Tegel erweitert wurde. Da konnten die Ausflügler kommen." Geschmückte Wagen standen für die Einweihungsfahrt bereit. In Tegel selbst flatterten Fahnen an eigens errichteten, laubumkränzten Masten. An der Dorfstraße erwarteten Jung und Alt die ersten Fahrgäste, die natürlich geladene hochrangige Gäste waren. Die Eröffnung wurde im Anschluss an die Fahrt gebührend mit einem Frühstück und einem Spaziergang am Seeufer gefeiert. Auch der Ausklang des Tages soll feuchtfröhlich gewesen sein, womit wahrscheinlich kein Bad im See gemeint ist. Ganze 19 Jahre ging es mit zwei Pferdestärken vom Oranienburger Tor in Mitte nach Tegel – an Wochentagen im Stundentakt, am Wochenende sogar 20-minütig. Und das für 50 Pfennige. Dass die Fahrgäste im Winter froren und im Sommer schwitzten, tat der Beliebtheit der Strecke keinen Abbruch. Schließlich gab es an den Haltepunkten die Gelegenheit, in Gaststätten einzukehren, um sich zu wärmen beziehungsweise abzukühlen.

Zur Jahrhundertwende wurde die Straßenbahn elektrifiziert und die Pferde durften in den Ruhestand gehen. In den Jahren 1899/1900 entstand der Straßenbahnhof. „Nur das gelbe ehemalige Bürogebäude, in dem es neben der Kasse, einem Schaffner- und einem Inspektorbüro auch eine Dienstwohnung gab, ist heute noch erhalten", erklärt Michael Grimm. „Daran befindet sich auch die Aufschrift. Das Ganze war eine richtig große Anlage, das Gelände umfasste rund 9.100 Quadratmeter und beher-

„Nur das gelbe ehemalige Bürogebäude ist heute noch erhalten."

bergte neben dem Verwaltungsgebäude auch eine Wagenhalle mit elf Einfahrttoren. 90 Motor- und Anhängerwagen fanden Platz, für 300 Menschen gab es Arbeit." Am 31. Mai 1958 endete die Ära der Straßenbahn in Tegel. Die Wagenhalle diente noch einige Jahre als Vorratslager, bis sie 1982 abgerissen wurde.

Zur Straßenbahngeschichte Tegels gehört unbedingt die Erwähnung der „Dicken Pauline". Nein, das war keine füllige Schaffnerin, sondern eine besondere Pferdebahn – und im Gegensatz zum regulären Verkehr stiegen die Fahrgäste hier nicht freiwillig ein. „Die offiziell *Grüne Pferdebahn* genannte Linie fuhr erstmals im November 1898 vom Polizeipräsidium mit seinem Untersuchungsgefängnis am Molkenmarkt nach Tegel", erklärt Michael Grimm. „Hier war ab 1896 ein Gefängnis erbaut worden und der Transport der Gefangenen erfolgte auf direktem Wege in einem speziellen Waggon." Ohne Fensterscheiben, stattdessen mit grün gestrichenen, dicken Eisenblechverkleidungen versehen. Im Inneren befanden sich einzelne Zellen sowie Platz für einen Aufseher. Die Aufschrift *Neues Kgl. Strafgefängnis Tegel bei Berlin* zeigte an, wohin die Reise ging. Das Datum der Rückkehr konnte durchaus einige Jahre später liegen.

Michael Grimm hat sich auch hier auf Spurensuche begeben. Vergeblich: „Von dieser Linie ist nichts mehr übriggeblieben. Auch sie wurde im Jahr 1900 auf elektrisch umgestellt und verkehrte nun vom Polizeipräsidium am Alexanderplatz ins Gefängnis." Ab 1917 fuhren die Gefangenenwagen im Schlepp der normalen Triebwagen und ab 1927 wurde die Linie ins Gefängnis ganz eingestellt.

Die meisten Menschen – damals wie heute – fahren sowieso lieber nach Tegel und an seinen wunderschönen See. Und das ganz und gar freiwillig.

So geht's zur Aufschrift:

Der Schriftzug befindet sich in der Tegeler Schloßstraße 9-10, einer Sackgasse.

30

Kandelaber

Ost-West-Verbindung – Germania – Partymeile

Die Straße des 17. Juni ist *die* Straße in Berlin: gewaltige Verkehrsader, Treffpunkt von Touristen aus aller Welt und Event-Location – vom Brandenburger Tor im Osten durch den Tiergarten bis zum Ernst-Reuter-Platz im Westen – auf den 3,5 Kilometern hat sich schon eine Menge Geschichte abgespielt. Und beinahe jede Zeit hat ihre Spuren hinterlassen. Ob mit der Pferdekutsche oder dem Automobil: Die einst als Verbindung vom Stadtschloss zum Schloss Charlottenburg angelegte Straße ist Berlins schnellste Ost-West-Verbindung. Wenn sie denn nicht für Großereignisse gesperrt ist – was, offen gesagt, ziemlich oft der Fall ist und was Berliner nervig und Party people aus aller Welt fantastisch finden. Die Straße ist für Großveranstaltungen wie gemacht.

Restaurator Stefan Grell, von Berufs wegen mit der Stadt und ihren Gebäuden bestens vertraut, erzählt von einer Zeit, die die bislang Charlottenburger Chaussee genannte Straße zum Teil eines gewaltigen Projekts werden ließ und auch ihr eher beschauliches Aussehen nachhaltig veränderte: Zwischen Theodor-Heuss-Platz und dem Bahnhof Tiergarten sind rund 800 zweiarmige Kandelaber Zeugnisse jener Zeit, als der heutige Theodor-Heuss-Platz noch Adolf-Hitler-Platz hieß und die Straße Teil der „Welthauptstadt Germania" werden sollte – gewaltig, klotzig und größenwahnsinnig. Triumphbogen, Nord-Südachse, Ruhmeshalle … Der in großen Teilen unvollendete Plan von Generalbauinspektor Albert Speer (1905-1981), eine architektonisch neue Reichshauptstadt zu schaffen, hat hier seine Spuren hinterlassen.

„1937 erteilte Albert Speer dem Tiefbauamt der Stadt Berlin den Auftrag, die Straße, die nun nicht mehr Charlottenburger Chaussee, sondern Ost-West-Achse hieß, zu verbreitern", erzählt Stefan Grell. „Das war nun allerdings nicht ohne weiteres möglich, denn das im Jahr 1909 fertiggestellte Charlottenburger Tor samt Brücke über den Landwehrkanal war viel schmaler." Zudem sei eine Straßenbahn hindurch-

Die zweiarmigen Kandelaber sind Entwürfe von Albert Speer. Es gibt noch 800 von ihnen an der Straße des 17. Juni.

gefahren und auf der Brücke habe es einen 1,5 Meter hohen Bogen gegeben, damit auf dem Kanal höhere Schiffe passieren konnten. Das alles sollte nun verändert werden – und das wurde es auch. „Die Säulenhallen des Charlottenburger Tores, die ursprünglich nur 15 Meter voneinander entfernt waren, wurden abgebaut und auf 34 Meter auseinandergezogen", erklärt Restaurator Grell. Dazu wurde der damals noch lebende Architekt des Tores, Bernhard Schaede (1855-1943), zu Rate gezogen. „Auch die Straßenbahn fiel den Umbauten zum Opfer, da die Oberleitung die neu entstandene und gewollte breite Sichtachse gestört hätte." Aber reichlich Beleuchtung sollte es geben! Dazu entwarf Albert Speer die zweiarmigen Kandelaber, die noch heute die Straße des 17. Juni an beiden Seiten flankieren.

„1937 erteilte Albert Speer dem Tiefbauamt der Stadt Berlin den Auftrag, die Straße, die nun nicht mehr Charlottenburger Chaussee, sondern Ost-West-Achse hieß, zu verbreitern."

In den Archiven hat Stefan Grell Fotos gefunden. „1939 wurde zum Geburtstag des Führers hier eine gewaltige Parade durchgeführt", erzählt er. „Am Tor wehen Hakenkreuzfahnen. Auch im Tor selbst waren die Speer'schen Kandelaber eingebaut." Sechs Jahre später lag alles in Schutt und Asche, das Tor, die Brücke, die Pläne für eine protzige Welthauptstadt.

Die Kandelaber beleuchten heute als Überbleibsel jener Zeit Spaziergänger, Radfahrer, Fanmeilen-Besucher und Besucherinnen. Von 1996-2006 spendeten sie der weltgrößten Techno-Party *Loveparade* ihr Licht. Welthauptstadt der Liebe, passt sowieso besser zu Berlin.

So geht's zu den Kandelabern:

Sie befinden sich in Höhe des Charlottenburger Tores auf der Straße des 17. Juni.

Ein langer Weg zum sicheren Arbeitsplatz. Maria Beierlein weiß, dass Arbeitsschutz zu Beginn der Industrialisierung keine Selbstverständlichkeit war.

31

Fluchttreppe

Strom und Licht für die aufstrebende Metropole

Visionäre waren schon immer unabdingbar, um Entwicklungen voranzubringen. Und manche brachten ganz Außergewöhnliches zustande, auch wenn sie klein anfangen mussten. Eine über vier Stockwerke reichende Fluchttreppe aus rostigem Metall an dem heute als „Rathenau-Hallen“ bezeichneten ehemaligen Industriekomplex in Oberschöneweide kann eine ganze Menge Geschichten erzählen: von der Industrialisierung und davon, wie Berlin im Kaiserreich buchstäblich ein Licht aufging, und auch davon, dass Arbeiterrechte und Arbeitsschutz keine Selbstverständlichkeit waren und erst erstritten werden mussten. Maria Beierlein, die auf dem Gelände oft spazieren geht und beinahe jedes Mal ein neues, bislang unentdecktes Überbleibsel des ehemaligen Industriestandortes entdeckt, sagt: „Die Anlagen ziehen sich kilometerweit hin, faszinierend ist das.“ Heute haben Start-ups, Künstler und Kulturschaffende den Standort für sich erobert. Tatsächlich sind die Gebäude aus gelbem Backstein das größte zusammenhängende Industriekultur-Denkmal in Europa.

Wir schreiben das Jahr 1862, als Emil Moritz Rathenau (1838-1915) seine Prüfungen zum Diplomingenieur ablegt. Er arbeitet zuerst in Berlin bei Borsig in der Lokomotivfabrik, aber wenig später begibt er sich wissensdurstig nach England, um in den dortigen Maschinenfabriken seine Kenntnisse zu vertiefen. Nach seiner Rückkehr arbeitet er zehn Jahre lang in einer Fabrik für Einheitsdampfmaschinen, bis es ihn wieder in die Ferne zieht. Sein Ziel sind die Weltausstellungen. Die Internationale Elektrizitäts-Ausstellung von 1881 in Paris bringt ihm den entscheidenden Impuls: die Kohlefadenlampe, auch Glühbirne genannt, von Thomas A. Edison (1847-1931).

Im Jahr 1882 erwirbt Rathenau die Edison-Patente für Deutschland, denn sein Traum für die aufstrebende Millionenmetropole Berlin ist die Elektrifizierung. Bereits 1883 beginnt er, ihn mit der Gründung der „Deutschen Edison-Gesellschaft für angewandte Elektricität AG“ umzusetzen – die Geburtsstunde eines Weltkonzerns. 1887 wird sein Unternehmen in „Allgemeine Elektricitäts-Gesellschaft“, kurz AEG, umbenannt. „Von hier aus wurde ab 1897 mit Rathenaus Drehstromkraftwerk ganz Berlin elektrifiziert“, erzählt Maria Beierlein. „Die AEG veränderte die Gegend vollkommen.“ Aus der „schönen Weide“ am Ufer der Spree wurde Electropolis. Das Kabelwerk Oberspree entstand, 1903 folgte das Automobilwerk. „Die riesigen Hallen wirken mit ihrer Architektur luftig und hell, und das waren sie auch. Rathenaus Fabrikanlagen waren modern, und Tausende Arbeiter waren hier beschäftigt“, fährt Maria Beierlein fort.

„Rathenaus Fabrikanlagen waren modern, und Tausende Arbeiter waren hier beschäftigt.“

Damit einher ging das Thema Arbeitsschutz, das in den frühen Jahren der Industrialisierung völlig unter den Tisch gefallen sei. Es habe in den Industrieländern immer wieder schlimme Unfälle gegeben. Explodierende Dampfkessel, Eisenbahn- oder Grubenunglücke: Der Fortschritt forderte seinen Tribut. Die Unternehmer, die zunehmend erkannten, dass auch ihre Arbeiter und Arbeiterinnen ein wichtiger Produktionsfaktor sind, mussten sich etwas einfallen lassen, auch unter dem Druck der erstarkenden Arbeiterbewegung. Im Jahr 1872 wurde ein Verein zur Überwachung von Dampfkesseln gegründet, der Vorläufer des heutigen TÜV. Selbst Kaiser Wilhelm I. (1797-1888) schrieb sich in einer Rede vom September 1881 das Arbeiterwohl auf die Fahnen. Reichskanzler Otto von Bismarck (1815-1898) reagierte, auch weil niemand eine neue Revolution gebrauchen konnte, und setzte schrittweise eine Sozialgesetzgebung durch: Im Juni 1883 verabschiedete der Reichstag das Gesetz zur Schaffung einer Krankenversicherung, 1884 folgte das Unfallversicherungsgesetz. 1889 wurde schließlich die Invaliditäts- und Altersversicherung eingeführt. Auch bauliche Maßnahmen – wie hier zum Beispiel das Anbringen von Fluchttreppen – erhöhten die Sicherheit der Arbeitenden. 1891 wurde in Preußen in der Industrie die Sonntagsarbeit verboten. Kinder unter 13 Jahren durften nicht mehr in Industriebetrieben beschäftigt werden und Kinder unter 16 Jahren nicht länger als zehn, Frauen nicht länger als elf Stunden am Tag arbeiten.

Die Treppe, heute ein sehenswertes Relikt, mag auch als Symbol dafür gelten, wie sich die Arbeitenden Rechte und Verbesserungen erkämpften – Stufe für Stufe.

Ein Spaziergang über das Gelände ist wie eine Zeitreise. Unbedingt empfehlenswert.

So geht's zur Fluchttreppe:

Die Treppe befindet sich auf der Rückseite der Rathenau-Hallen in der Wilhelminenhofstraße 83-85. Sie ist vom Parkplatz aus zu sehen.

ERWIN FALBE
1883 – 1971
LOTTE FALBE
1897 – 1983
FALBE
KLAUS – DIETER
1925 – 2011
FRIDA EUGENIA
Dr. phil.
Rudi Dutschke

32

Ehrengrab

„Es war eine aufgeregte Zeit."

„Bürgerschreck", „Politgammler", „Wirrköpfe", „Jung-Rote"... die der 68er-Studentenbewegung nicht wohlgesonnene Presse sparte nicht mit Hetze gegen die als „langhaarige Affen" bezeichneten Protestierenden und ihre Anführer. Einer der bekanntesten, Rudi Dutschke, liegt auf dem St.-Annen-Kirchhof im gutbürgerlichen Dahlem begraben. Ein schlicht gehaltener Grabstein nahe der Kirche, mit Efeu umwachsen und dezent als Berliner Ehrengrab gekennzeichnet, ist seine letzte Ruhestätte. Am 24. Dezember 1979 war er im dänischen Aarhus nach einem epileptischen Anfall, einer Spätfolge des Mordversuchs gegen ihn, in der Badewanne ertrunken. Bürgerschreck auf dem Bürgerfriedhof? Wie kann das sein?

Einer, der an der Beisetzung teilnahm und dabei eine wesentliche Rolle spielte, ist Berend Wellmann, zu jener Zeit geschäftsführender Pfarrer in Dahlem. Er erinnert sich gut an das Lebensgefühl jener Jahre und an die Studentenbewegung, die er selbst allerdings in Berkeley/Kalifornien miterlebte. „Es war eine aufgeregte Zeit", sagt er.

Die ab 1940 Geborenen – die junge Generation – hatten Fragen. Sie fragten nach dem Krieg, nach der Schuld ihrer Eltern, nach deren Nazi-Vergangenheit – und in der Regel standen sie vor einer Mauer des Schweigens. Die Generationen verstanden einander nicht, redeten aneinander vorbei. All das, dazu der Vietnamkrieg, die Aufrüstung, die drohenden Notstandsgesetze, das rief eine unglaubliche Wut hervor. Es folgte Widerstand: laut und heftig. 1966 wurde die Außerparlamentarische Opposition, kurz APO, gegründet, ein Zusammenschluss von Studenten, Künstlern und Intellektuellen, die sich zu den Ereignissen der Innen- und Außenpolitik positionierten. „Ohne Provokation werden wir überhaupt nicht wahrgenommen", hatte Rudi Dutschke (1940-1979) gesagt, und so geschah es auch. Das Unterste sollte nach oben gestülpt, alte Nazi-Seilschaften in den Institutionen

Berend Wellmann am Ehrengrab von Rudi Dutschke. Sein Anruf bei Martin Niemöller gab den Ausschlag für die Bestattung an diesem Ort.

aufgedeckt und entlarvt werden, weg mit dem „Establishment"! Sitzblockaden, Demonstrationen, Sprechchöre – die Atmosphäre war aufgeheizt. Rudi Dutschke war einer der Köpfe der Bewegung und ein Feindbild der Springer-Presse.

Nachdem er am 11. April 1968 auf offener Straße von Josef Bachmann (1944-1970), der damals 23 Jahre alt war, niedergeschossen und schwer verletzt worden war, kam es in den darauffolgenden Ostertagen in ganz Deutschland zu heftigsten Unruhen. Dem Springer-Verlag wurde angelastet, das Attentat mit verursacht zu haben. Zehntausende gingen auf die Straße, lieferten sich Kämpfe mit der Polizei. „Springer! Mörder!", skandierten sie. Bis Ostermontag brannten die Lieferwagen des Verlages, flogen Pflastersteine und Molotow-Cocktails gegen das Springer-Hochhaus in der Berliner Kochstraße. „*Die Kugel Nummer Eins kam / Aus Springers Zeitungswald / Ihr habt dem Mann die Groschen / Auch noch dafür bezahlt / Ach Deutschland, deine Mörder / Es ist das alte Lied / Schon wieder Blut und Tränen / Was gehst du denn mit denen? / Du weißt doch was dir blüht*", textete Wolf Biermann (geb. 1936) in seinem Song *Drei Kugeln auf Rudi Dutschke* und fasste zusammen, was viele dachten.

Das Berliner Ehrengrab für den Kopf der 68er-Studentenbewegung.

Rudi Dutschke kämpfte sich nach mehreren Operationen zurück ins Leben, promovierte 1973 und pendelte ab 1971 zwischen Deutschland und Dänemark, wo er als Gastdozent lehrte. In seinem letzten Lebensjahr schloss er sich in Bremen der „Grünen Liste" an. Nach seinem plötzlichen Tod begann für seine Witwe Gretchen, die sich eine Bestattung in Deutschland wünschte, die schwierige Suche nach einer Grabstätte. In Bremen wurde ihr Ansinnen mit der

Begründung, er sei kein Bürger der Stadt, abgelehnt. In Berlin wiederum befürchtete der Senat drohende Unruhen und untersagte die Bestattung auf einem städtischen Friedhof.

Helmut Gollwitzer (1908-1993) kämpferischer Theologe, Professor, Sozialist und Freund der Familie Dutschke, kam an dieser Stelle ins Spiel. Er gehörte seit 1937 zur Dahlemer Gemeinde, in der er in früheren Jahren Martin Niemöller (1892-1984), einen der Begründer der Bekennenden Kirche, nach dessen Verhaftung (siehe Geheimnis Tresor) vertreten hatte. „Am Zweiten Weihnachtstag 1979 rief mich Helmut Gollwitzer an", erinnert sich Wellmann. „Er fragte, ob er die Trauerfeier für Rudi Dutschke in der Annenkirche halten und ihn anschließend auf unserem Friedhof bestatten könne." Hintergrund: Die Gemeinde besitzt nur den oberen, kleinen Teil des Friedhofs, der größere untere Teil gehört zu den städtischen Friedhofsanlagen und stand daher nicht zur Verfügung. „Auf dem kirchlichen Teil des Friedhofs gab es tatsächlich ein Doppelgrab, das ursprünglich für Niemöller gedacht und reserviert worden war."

Was also tun? Pfarrer Wellmann überlegte nicht lange, griff zum Hörer und rief Martin Niemöller zu Hause an. Der lebte zu jener Zeit, nachdem er bis 1965 Kirchenpräsident der Evangelischen Kirche in Hessen-Nassau gewesen war, in Wiesbaden. „Durch einen glücklichen Zufall erreichte ich ihn und dann fügte sich alles. Er sagte am Telefon, er habe uns schon längst mitteilen wollen, dass er keinen Anspruch mehr auf die Grabstelle erhebe, sondern in der Familiengrabstelle in Nordrhein-Westfalen begraben werden wolle. Niemöller stimmte also zu, die freigehaltene Grabstelle Rudi Dutschke zu geben."

„Niemöller stimmte also zu, die freigehaltene Grabstelle Rudi Dutschke zu geben."

So kam es, dass Rudi Dutschke in Dahlem beerdigt wurde. Die Beisetzung erfolgte am 3. Januar 1980 im Beisein sehr vieler Trauergäste. „Es war ein glücklicher Umstand, diese Grabstelle auf dem kleinen kirchlichen Friedhofsteil unserer Gemeinde anbieten zu können", fasst Berend Wellmann zusammen, „zum einen, weil ich da war und zum anderen, weil wir das Glück hatten, eine Grabstelle zu finden beziehungsweise zusagen zu können. Ich war in diesen Tagen zwischen den Jahren allein ‚an Bord', die beiden anderen Kollegen waren verreist und wurden von mir telefonisch informiert."

Im Doppelgrab neben Dutschke ruht Gertrud Staewen (1894-1987), Schwägerin von Gustav Heinemann (1899-1976), dem dritten Bundespräsidenten, und eine der ganz starken Frauen der Bekennenden Kirche. Da Gretchen Dutschke nur den einen Teil des Doppelgrabes in Anspruch nehmen wollte, bot Helmut Gollwitzer ihr die zweite Hälfte an. „Der Wortlaut ihrer Antwort ist nicht exakt übermittelt", sagt Berend Wellmann, „aber sie war überrascht und erleichtert und freute sich, sich nicht mehr um eine künftige Grabstelle kümmern zu müssen. Sie wollte das Grab neben Rudi Dutschke gern annehmen."

„Der Wortlaut ihrer Antwort ist nicht exakt übermittelt, aber sie war überrascht und erleichtert und freute sich, sich nicht mehr um eine künftige Grabstelle kümmern zu müssen. Sie wollte das Grab neben Rudi Dutschke gern annehmen."

Die Stadt Berlin ernannte im Jahr 1999, zwanzig Jahre nachdem der Senat seine Bestattung einst verweigert hatte, Rudi Dutschkes Grab zum Ehrengrab. Und am Axel-Springer-Hochhaus treffen heute die Rudi-Dutschke- und die Axel-Springer-Straße aufeinander. So ändern sich die Zeiten.

So geht's zum Ehrengrab:

Auf dem St.-Annen-Kirchhof in Dahlem, an der Kreuzung Königin-Luise-Straße/Pacelliallee, befindet sich im Bereich 28/4 die Grabstätte für Rudi Dutschke.

Heute einfach nur ein Teich: Martin Krist weiß, dass hier im Jahr 1896 im Zuge der Gewerbeausstellung für einige Monate das sogenannte „Negerdorf“ stand.

33

Karpfenteich

Ein Sommer – sieben Millionen Menschen

Berlin braucht seine grünen Lungen, damals wie heute. Und der Treptower Park ist eine von ihnen. Wer am Karpfenteich entlangspaziert, sieht ein paar Enten und Schwäne, mit Glück einen Eisvogel. Doch kaum jemand, der über die grünen Wiesen schlendert, ahnt, dass der in der zweiten Hälfte des 19. Jahrhunderts angelegte Park samt dem idyllischen Gewässer einst Schauplatz eines gewaltigen Spektakels war. Eines, das, kaum angefangen, auch schon wieder zu Ende war.

Schriftsteller und Krimiautor Martin Krist ist jeden Tag im Treptower Park unterwegs, gern begleitet von Sohn und Hund. Über die

Jahre, die er in Treptow wohnt, hat er den Park nicht nur wie seine Westentasche kennengelernt, sondern sich auch mit seiner Geschichte vertraut gemacht. „Jeder kennt die Anlage rund um das sowjetische Ehrenmal. Und wer in Ostberlin aufgewachsen ist, hat hier auch so manche sozialistische Gedenk-Großveranstaltung erlebt“, erzählt er. „Aber längst nicht so viele dürften wissen, was hier im Jahr 1896 los gewesen ist. Innerhalb von nur wenigen Monaten wurde der Treptower Park von rund sieben Millionen Menschen besucht. Auch wenn das Areal riesig ist: Diese Menschenmassen sind kaum vorstellbar.“

Aber warum dieses Getümmel? Parks und Gärten zur Naherholung gab es in und um die Hauptstadt des Kaiserreichs auch damals schon genug. Grund dafür war die Berliner Gewerbeausstellung, die am 1. Mai 1896 in Anwesenheit von Kaiser Wilhelm II. (1859-1941) und seiner Frau Auguste Viktoria (1858-1921) eröffnet wurde. Von Mitte 1894 an war der etwa 900.000 Quadratmeter große Volkspark in ein gigantisches Ausstellungsgelände umgewandelt worden. Berlin wollte sich als Weltstadt erweisen, nachdem große internationale Ausstellungen bereits in Paris (1889 und 1900), in Chicago (1893), in Antwerpen (1894) und in Amsterdam (1895) stattgefunden hatten. Weitere folgten in Brüssel (1897) und in Turin (1898). Ganz gerecht geworden ist die Hauptstadt des Königreichs Preußen – seit 1871 zudem Hauptstadt des Deutschen Reichs – diesem selbst auferlegten Anspruch nicht. „Eine Weltausstellung ist das letztlich nicht gewesen“, urteilt Martin Krist, denn „ausländische Aussteller gab es nicht“, dennoch sei auf dem Areal unglaublich viel auf die Beine gestellt worden. „Die Schau avancierte zum Berliner *must see* des Jahres 1896. Rund 4.000 Berliner Industrie- und Handwerksbetriebe präsentierten sich hier. Es brauchte Tage, durch all die Sehenswürdigkeiten zu kommen.“

Berlin zeigte, was es draufhatte: Der Park wurde mit tausenden Glühbirnen – damals eine Kostbarkeit – beleuchtet, Straßenbahnen verkehrten in kurzem Takt, um die Menschen aus der Stadt zur Ausstellung zu bringen, außerdem wurde eine neue Bahnhaltestelle eingerichtet. Neben den in Hallen und Pavillons präsentierten industriellen und handwerklichen Errungenschaften gab es Unterhaltung satt. Die Besucher konnten durch die Alpen spazieren und ein Alt-Berliner Viertel war geschaffen worden. Die wahrscheinlich größte Sensation war aber das nachgebaute Kairo mit einer 30 Meter hohen Pyramide, in der ein Fahrstuhl bis ganz nach oben fuhr.

„Der beschauliche Karpfenteich wurde ebenfalls verwandelt", berichtet Martin Krist. „Aber das ist aus heutiger Sicht ein schwieriges Kapitel, eines, das von Deutschlands Kolonialgeschichte erzählt. Das Ganze wurde offiziell *ethnologischer Ausstellungsteil* genannt, im Volksmund hieß es ‚Negerdorf' und war eigentlich eine Menschenschau. Rund 100 Männer und Frauen aus den deutschen Kolonien in Westafrika wurden hier in einem nachgebauten Dorf am Rand des Sees dem Publikum vorgeführt. In exotische Kostüme gehüllt, sollten sie viele Stunden am Tag die Wilden spielen und sich dabei im wahrsten Sinne des Wortes begaffen lassen – ja, zum Zeitvertreib der Ausstellungsbesucher. Das ist so würdelos, wie es auch ihre Unterbringung in Baracken war. Einige erkrankten und starben sogar."

„Das Ganze wurde offiziell ‚ethnologischer Ausstellungsteil' genannt."

Als die Gewerbeausstellung am 15. Oktober 1896 ihre Pforten schloss, verschwand alles so schnell, wie es gekommen war – das Dorf, die Pyramide, Kairo und das alte Berlin, die Pavillons, Hallen, Lokale, alles musste abgebaut werden. „Die Infrastruktur, die rund um das Ereignis geschaffen wurde – Bahnhöfe, Schiffsanleger, Brücken – ist heute noch da, die Bauten der Ausstellung selbst jedoch nicht", wie Martin Krist betont. „Einzig das mit 21 Metern längste bewegliche Linsenfernrohr der Welt in der Archenholdsternwarte ist aus jener Zeit erhalten. Es steht unter Denkmalschutz."

Und da ist noch etwas: Der Karpfenteich überdauerte und ist seitdem einfach nur ein See. Aber einer mit Geschichte.

So geht's zum Karpfenteich:

Das Gewässer befindet sich auf dem östlich gelegenen Gelände des Treptower Parks.

PANKOW
Echt Berliner

Wandbild

Aber bitte mit Strohhalm

Eine überdimensionale Bierflasche, ein Gärkessel mit Smileygesicht, ein Mädchen mit einer Flasche in der Hand und der weithin erkennbare Schriftzug *Willner Brauerei* – eine fröhlich buntverzierte, fensterlose Hauswand am Eschengraben zeigt ein Stück *Pankow*, das längst Geschichte ist, an das sich Ingolf Alwert aber noch gut erinnern kann. Er ist gleich in der Nachbarschaft aufgewachsen und die Willner-Weißbier-Brauerei mit Biergarten gehörte damals zum Stadtbild an der Berliner Straße. „Aber als Halbwüchsiger bin ich hier nicht eingekehrt, sondern lieber mit meiner Mutter rüber nach Schöneberg gefahren", denkt er zurück. „Und da war mein absolutes Highlight, in der *Silberterrasse* oben im KaDeWe einen Teller gebratene Leber mit Kartoffelbrei zu essen. Im Ostteil war so ein leckeres Essen nicht so leicht zu kriegen."

Ein Leben zwischen Ost- und Westberlin war dem gebürtigen Pankower vertraut. „Meine Mutter besaß ein Haus in Schöneberg. Und obwohl wir in Pankow lebten, hat sie es im Familienbesitz halten können, auch nach dem Mauerbau, als niemand von uns mehr rüberfahren durfte." Enge Freunde kümmerten sich um die Immobilie, aber als Alwerts Eltern Ende der 60er-Jahre in Rente gingen, beschlossen sie, aus der DDR auszureisen. „Weil sie Rentner waren, ging das", erklärt der pensionierte Russisch- und Englischlehrer. „Ich war damals ein halbes Jahr in Moskau zum Studium, und ich wusste, dass bei meiner Rückkehr meine Eltern für mich in ihrer neuen Westberliner Umgebung unerreichbar sein würden. Das war schon hart." Erst nach dem Mauerfall konnte Ingolf Alwert zu seiner Mutter nach Schöneberg fahren. Sein Vater war bereits verstorben. Das sind sie, die Berliner Schicksale.

Doch zurück zur Brauerei, die vom Lauf der Geschichte natürlich auch nicht unberührt blieb. „Genau hier befand sich einst ein Wasserlauf, der Eschengraben, den es heute nicht mehr gibt", erzählt Alwert,

Das Wandbild erinnert an die Pankower Willner Weißbier-Brauerei. Ingolf Alwert kann sich noch gut an das Werk erinnern, in dem fast 110 Jahre lang Berliner Weiße gebraut wurde.

„auf alten Karten kann man den Verlauf noch sehen.“ Unternehmer Emil Willner, bereits vorher im Bier-Geschäft tätig, erwarb 1880 das Grundstück am Eschengraben, startete mit einem Ausschank und betrieb schließlich ab 1882 seine Weißbierbrauerei. „Willner hatte hier alles, was er brauchte, aus einer Hand“, erzählt Ingolf Alwert. „Neben dem Sudhaus gehörten eine Mälzerei, Kellerräume für die Lagerung, eine Schmiede und eine Schlosserei zum Betrieb. 1935 wurde die Brauerei in eine GmbH umgewandelt, 1936 schließlich zur *Willner Brauerei Aktiengesellschaft*.“

Im Jahr 1949 folgte die Enteignung der Firma und die Überführung in Volkseigentum. Ab 1959 hieß sie „VEB Schultheiß Brauerei Schönhauser Allee, Abteilung Willner“. In all den Wirren blieb es jedoch bei der Produktion des Weißbiers.

Das Aus für die Brauerei kam 1990. „Die Gastronomie hielt sich noch länger“, erinnert sich Alwert. Da er nur noch ab und zu nach Pankow kommt, staunt er jedes Mal über die Veränderung des Geländes. „Das Ganze war ja hier auch lange in einem schlechten baulichen Zustand“, sagt er. „Zudem hat es in den 90ern einen Brand gegeben, danach wurden die Räume des alten Ausschanks abgerissen.“

Das Mädchen auf dem Wandbild lockt mit einer „Berliner Weißen“.

Nach einer Zwischennutzung der verbliebenen Gebäude als Kunst- und Kulturstandort, zu dem auch ein Flohmarkt gehörte, sind die alten Gemäuer ab 2018 sorgsam restauriert und mit einem Neubau ergänzt worden. Sie beherbergen heute ein Restaurant und verschiedene Gewerbe- und Büroeinheiten. Soviel zum Brauereigelände.

Aber was hat es mit dem Getränk auf sich, das nicht nur selbst den geschützten Markennamen trägt, sondern neben einer ZDF- Fernsehserie (*Berliner Weiße mit Schuss*, 1984/85) auch einer Punkband seinen Namen gab? Berliner Weiße, das ist Kult. Das säuerlich frische Getränk mit viel Kohlensäure und nur drei Prozent Alkoholgehalt wurde hier bereits seit dem 16. Jahrhundert ausgeschenkt. Die erste urkundliche Erwähnung gab es im Jahr 1680. „Damals war ja Bier ein Getränk für jedermann“, sagt Ingolf Alwert. „Denn Wasser, wenn man es nicht abkochte, war ungenießbar und konnte zu gesundheitlichen Schwierigkeiten führen. Also tranken sogar schon Kinder Bier.“ Entsprechend hoch war die Anzahl der Brauereien und Ausschanke in der Stadt.

„Wasser, wenn man es nicht abkochte, war ungenießbar und konnte zu gesundheitlichen Schwierigkeiten führen. Also tranken sogar schon Kinder Bier.“

Etwas eigenwillig schmeckt sie schon, die Berliner Weiße. Das liegt daran, dass ihr im Gärprozess zum einen Milchsäurebakterien zugesetzt werden und zum anderen eine spezielle Hefe, die Brettanomyces heißt. Kritische Zungen behaupten, letztere würde dem Bier einen Hauch von Pferdedeckenaroma verleihen. Setzte sich im Lauf der Jahrhunderte deshalb die Zugabe von Sirup durch? Angeblich waren Napoleons Soldaten – so will es die Legende – so begeistert von dem Getränk, dass sie es den „Champagner des Nordens“ tauften. Ja, was denn nun? Pferdedecke oder Champagner?

Die Wahrheit liegt wohl auf der Zunge des Konsumenten. Bier-Puristen schwören jedenfalls auf den Genuss des traditionell in der Flasche gereiften Weizenbieres ohne jedwede Zusätze. Wer es lieblicher mag, fügt dem schaumigen Getränk, das in einem Kelchglas mit breiter Öffnung gereicht wird, einen guten Schuss Waldmeister- oder Himbeersirup hinzu. Und dann bitte durch einen Strohhalm genießen. Dit is Berlin. Probieren Sie es aus!

So geht’s zum Wandbild:

Das großflächige Bild befindet sich an der Ecke Berliner Straße 80-82/ Eschengraben.

Kai-Uwe Jirka am Grabstein für Carl Friedrich Zelter, im Hintergrund ist an der Kirchenmauer die Grabtafel für Anna Louisa Karsch zu sehen.

35

Grabtafel

So lerne sie kennen!

Wer die Inschrift auf der Grabtafel an der nördlichen Längsseite der Sophienkirche lesen möchte, muss einen langen Hals machen. Sie hängt ziemlich weit oben. Kai-Uwe Jirka, seit 2002 Professor für Chorleitung und Leiter des Staats- und Domchors Berlin an der Universität der Künste Berlin und seit 2006 künstlerischer Leiter der Sing-Akademie zu Berlin, weiß, was dort geschrieben steht: „*Kennst du Wandrer sie nicht, so lerne sie kennen*“, rezitiert er und bestätigt die Aussage sogleich. „Anna Louisa Karsch, die hier begraben liegt, war eine unglaublich talentierte, spannende Dichterin, die erste freischaffende Autorin in Berlin, die heute leider fast vergessen ist.“ Anlässlich ihres 300. Geburtstags hat Kai-

Uwe Jirka die Matthäus-Passion von Carl Philipp Emanuel Bach (1714-1788) aus dem Jahr 1769 aufgeführt, das Libretto stammt von Anna Louisa Karsch (1722-1791).

„Anna Louisa Karsch wurde als Gastwirtstochter in einfache Verhältnisse hineingeboren", sagt Kai-Uwe Jirka, „und sie hat allenfalls eine minimale schulische Ausbildung erhalten. Umso mehr erstaunt ihr reichhaltiges Schaffen." Bereits im Alter von 16 Jahren heiratete sie einen Tuchmacher, ihre Ehe verlief unglücklich. Ihr gewalttätiger Ehemann verließ sie, als sie mit dem vierten Kind schwanger war. Von ihren dichterischen Ambitionen hatte er nichts wissen wollen. Die Ehe wurde nach elf Jahren geschieden, Anna Louisa mittellos zurückgelassen. „Auch ihre zweite Ehe mit dem Schneider Daniel Karsch stand unter keinem guten Stern", erzählt Kai-Uwe Jirka mehr aus ihrem Leben. „Sie bekam weitere drei Kinder, aber ihr Mann trank und behandelte sie schlecht." Der Auszug aus ihrem Gedicht V*erwünschte Heiligkeit der Ehe!* sagt alles:

„Mein ewig Einerlei / Blieb er zehn volle Jahr, riß oft ein Blatt entzwei, / Ganz von Gedanken voll, denn dieser Mann, kein Denker, / war fehlbar durch den Rausch, war meines Lebens Henker, / Sein Gang, sein Wort, sein Blick, war alles meine Qual, / O Gott! Behüte mich für eine Mannes-Wahl."

Dass sie es schaffte, sich durch unermüdliches Lesen weiterzubilden und schließlich selbst dichterisch tätig zu werden, lässt auf große Leidenschaft und Stärke schließen. Im Jahr 1755 zog die Familie nach Groß-Glogau, und dort erlangte sie mit Lobgedichten auf Friedrich II. (1712-1786) erste lokale Bekanntheit. „Sie war ein absoluter Fan des Königs", sagt der Musiker lächelnd. Tatsächlich wurde ihr im Jahr 1763, als sie schon eine Größe im Berliner Leben war, eine Audienz beim König gewährt. Das Gespräch, das sie führten, hat sie niedergeschrieben. Doch bis zu diesem großen Moment war von Groß-Glogau aus noch ein langer Weg zu gehen: Ihr Ehemann wurde zum Militär eingezogen, und mit Hilfe ihres Gönners Baron Rudolf Gotthard von Kottwitz (1707-1765) kam sie im Jahr 1761 nach Berlin, wo ihr dichterisches Talent endgültig auffiel und sie mit den Größen ihrer Zeit wie Johann Wilhelm Ludwig Gleim (1719-1803) und Johann Georg Sulzer (1720-1779) zusammentraf und gefördert wurde.

Die großen Gelehrten hörten eine Gastwirtstochter an? „Es war die Zeit der Aufklärung“, sagt Kai-Uwe Jirka. „Das brachte eine gewisse gesellschaftliche Durchlässigkeit mit sich und so geschah es, dass die Karschin richtig bekannt werden konnte. Sie war zu Gast in Berliner Salons, wo man sie bat, aus dem Stegreif Gedichte vorzutragen – und das konnte sie. Sie korrespondierte mit Goethe, und im Jahr 1768 beauftragte Carl Philipp Emmanuel Bach sie, das Libretto zu seiner Passionsmusik zu verfassen. Immer wieder unterbricht die Dichterin die klassischen bekannten Passionsklagen mit eigenen Gedanken. Halt!, ruft sie, stoppt die biblische Erzählung, fordert das Publikum zum Innehalten, zum Nachdenken auf und zieht es mitten ins Geschehen. Das ist ganz großartig. Aufklärung pur.“ Die Begeisterung ist Musiker Jirka anzuhören.

Warum es Anna Louisa Karsch dennoch nicht vergönnt war, ein wohlhabendes Leben zu führen, ist schwer nachzuvollziehen. Aber es ging ihr wirtschaftlich nicht gut, was sie auch in dem Gespräch mit Friedrich dem Großen anklingen ließ:

„Aber, wo wohnt Sie denn?/ Im alten Consistorium, drey Treppen hoch, unterm Dach! / Wovon lebt Sie?/ Von Geschenken meiner Freunde! Hoffrath Stahl giebt mir sehr oft zu eßen!“

Daraufhin versprach der König ihr, für sie zu sorgen. Was allerdings erst sein Nachfolger und Neffe Friedrich Wilhelm II. (1744-1797) im Jahr 1789 einlöste, indem er ihr eine Leibrente zuerkannte und ihr ein kleines Haus in Berlin erbauen ließ. „Erst ihre letzten Lebensjahre waren abgesichert“, sagt Kai-Uwe Jirka. „Sie hinterließ eine Fülle an Texten und Gedichten. Ihre Tochter Karoline Louise von Klenke trat in ihre Fußstapfen – ebenso wie ihre Enkelin.“

Hier ruht eine ganz besondere Frau: Die Dichterin Anna Louisa Karsch.

Auf dem kleinen Friedhof an der Nordseite der Sophienkirche sind kaum Grabsteine erhalten. Genau das aber verleiht dem stillen, fast verwunschenen Ort eine besondere Atmosphäre. Hier ruht auch ein Zeitgenosse der „Karschin“, nämlich Carl Friedrich Zelter (1758-1832). Er war Sohn eines Maurers, kam ebenfalls aus einfachen Verhältnissen und hat seine Musikalität zunächst autodidaktisch ausgebildet. Zelter war nach Carl Friedrich Christian Fasch (1736-1800) der zweite Leiter der Sing-Akademie zu Berlin, des ältesten existierenden gemischten Chores der Welt, und somit einer von Jirkas Vorgängern.

Die Sing-Akademie bewahrt einen großartigen Notenschatz, der eine atemberaubende Geschichte hinter sich hat: „Diese unfassbar wertvolle Bibliothek galt lange als verschollen“, erklärt Chorleiter Jirka. „Sie wurde 1943 zunächst aus Berlin nach Schlesien evakuiert, dann verlor sich ihre Spur. Im Jahr 1999 wurde sie im Archiv für Literatur und Kunst in Kiew wiederentdeckt. Die Rote Armee hatte sie einst als Beutegut dorthin gebracht. Im Dezember 2001 gab die ukrainische Regierung der Sing-Akademie die Notenbibliothek zurück.“ Inmitten dieses Schatzes – die Seiten haben zum Teil Widmungen und Notizen von Beethoven, Goethe und Mendelssohn – befanden sich auch 21 Passionen von Carl Philipp Emmanuel Bach, darunter die Matthäuspassion mit den Texten der Anna Louisa Karsch. Die Sing-Akademie zu Berlin unter Kai-Uwe Jirkas Leitung weiß dieses Erbe zu schätzen. Dass es dort in den allerbesten Händen ist, beweist die Aufführung des einst verschollenen Werkes.

Wer in der quirligen Mitte von Berlin eine Pause braucht, kann sie bei Anna Louisa Karsch und Carl Friedrich Zelter einlegen, vielleicht etwas klassische Musik auf den Ohren oder einen ihrer Gedichtbände im Gepäck:
„Frau, schreib ich für den Ruhm, und für die Ewigkeit? / Nein, zum Vergnügen meiner Freunde!“ So schrieb es Anna Louisa Karsch in einem ihrer Gedichte bescheiden. Aber den Ruhm, den hat sie eigentlich auch verdient.

So geht’s zur Grabtafel:

Die Grabtafel befindet sich in luftiger Höhe zwischen zwei Fenstern an der Nordseite der Sophienkirche, Große Hamburger Straße 29-30.

Universität der Künste Berlin
30

36

Doppeleingang

Sanierung mit Nervenkitzel

Berlins Universität der Künste besitzt einen wirklich schönen, zum Teil sehr alten Gebäudebestand. Mit wie viel Arbeit und Aufwand die Erhaltung zu tun hat, lässt sich von außen betrachtet höchstens erahnen. Ganz genau aber weiß Christian Blanco Gómez darüber Bescheid, der als Architekt fast jedes Haus genauestens kennt, so auch das UdK-Gebäude am Mierendorffplatz, über dessen Portal das restaurierte Wappen des Bezirks Charlottenburg in leuchtenden Farben prangt.

Das mehrgeschossige Backsteinhaus wurde 1893 gebaut. Zuerst einmal fallen die beiden direkt nebeneinanderliegenden, exakt gleich aussehenden Türen ins Auge. Eine zum Reingehen? Eine zum Rausgehen? Weit gefehlt. „Hier war die 5. und 6. Gemeindedoppelschule ansässig", erklärt der Architekt, „für Mädchen und Jungen. Allerdings lernten sie strikt getrennt." Was bei den Türen begann, setzte sich im Innern fort. Es gab zwei Treppenhäuser, die in die jeweiligen Gebäudeteile führten, und auch zwei Ausgänge auf den Schulhof.

Wer heute das Haus betritt, wähnt sich fast wie in Hogwarts: Im Zuge des Umbaus Anfang der Achtzigerjahre sind die dicken Mauern zwischen Jungen- und Mädchentrakt im Innern gefallen – was den Blick auf die Treppenhäuser, die verschiedenen Etagen, eine beeindruckende Säule aus Gusseisen und bunte Deckenmalereien freigibt. Zauberhaft. Doch bevor es so weit war, dass heute in den sanierten, hellen Zimmern und zwei funkelnagelneuen, hohen Räumen im Dachgeschoss darstellende Kunst und Musiktherapie unterrichtet werden konnten, musste das Haus einiges durchmachen. Und manchmal auch der Architekt. Aber der Reihe nach.

„Das Haus sollte eigentlich abgerissen werden", erzählt Christian Blanco Gómez, „denn es hatte, nachdem die Schule 1978 in einen Neubau umgezogen war, einige Jahre leer gestanden. Es gab Schäden durch Vandalismus, auch Kälte und Feuchtigkeit setzten dem Mauerwerk zu.

Architekt Christian Blanco Gómez vor dem Doppeleingang am Mierendorffplatz.

Der Abriss konnte verhindert werden mit Einsatz einiger engagierter Leute, die sich, als die Abrissbirne kam, an das Gemäuer angekettet hatten." 1980 bis 1982 fand der Umbau statt. Da war Christian Blanco Gómez noch nicht dabei.

Im Jahr 2012 aber schon. „Da mussten an dem Haus weitreichende Sanierungsarbeiten durchgeführt sowie ein paar Jahre später die Brandmeldeanlage installiert werden. Wir haben die abgehängten Decken entfernt und dabei legten wir etwas sehr Schönes frei, nämlich sogenannte preußische Kappendecken", erinnert er sich. Diese leicht gewölbte Deckenart aus Ziegeln zwischen Stahlträgern ist eine Mischkonstruktion aus dem Tragwerksprinzip der Holzbalkendecke und dem eines klassischen Gewölbes und löste ab Ende des 19. Jahrhunderts die Fachwerkbauweise ab. „Aus Kostengründen konnten wir den Urzustand der Decken nicht überall wiederherstellen", bedauert Blanco Gómez. Wo nicht genug Geld da ist, müssen Kompromisse her, und so ist es auch hier in Abstimmung mit der Denkmalschutzbehörde geschehen: Im Eingangsbereich, da, wo einst eine Mauer die beiden Schulhälften trennte, sind die Kappendecken verputzt und samt der Stahlträger mit dem ursprünglichen historischen Muster bemalt worden. In den oberen Geschossen kann man dieses Zeugnis der Baugeschichte heute unverputzt bewundern. Und wer ganz genau hinschaut, entdeckt auf den Stahlträgern die ursprüngliche farbliche und ornamentale Gestaltung mit immer dem gleichen Rapport.

Treppenhaus ohne Mauer, dafür mit Hogwarts-Charme.

„Als wir uns an den Ausbau des Daches machten, um zwei weitere multifunktionale Räume zu schaffen, die zeitgemäß sind, aber auch den Denkmalschutzauflagen entsprechen, wurden wir mit einem Relikt konfrontiert, das rein gar nichts mit Baugeschichte zu tun hatte", erinnert sich der Architekt – die Geschichte, die er nun erzählt, verursacht einiges Herzklopfen: „Eines Morgens, ich saß gerade beim Frühstück, bekam ich einen Anruf. Ganz, ganz schnell sollte ich zur Baustelle kommen. Man hätte da etwas gefunden. Ich ließ alles stehen und liegen, sprang in mein Auto und fuhr, so schnell es ging, zum Mierendorffplatz. Da war die Baustelle schon abgesperrt und die Polizei ließ mich erst ins Haus, als ich glaubhaft machen konnte, dass ich der verantwortliche Architekt bin. Ich hastete nach oben. Und da war sie, mitten in der Dachkonstruktion – eine Stabbrandbombe – vollkommen intakt." Das Überbleibsel der Luftangriffe des Zweiten Weltkriegs lag der Länge nach auf dem sogenannten Drempel, das ist die gemauerte Außenwand, auf der das Dach aufliegt. „Wenig später kam ein Experte vom Kampfmittelräumdienst in einem Spezialanzug, um den Fund unter die Lupe zu nehmen und zu beseitigen." Bei allen Beteiligten legte sich danach zwar das Nervenflattern, aber Blanco Gómez beschloss – Kosten hin oder her – aus Sicherheitsgründen durch Befahrung mit Spezialkameras das ganze Dach auf mögliche weitere derartige Überraschungen abzusuchen. Zum Glück fand sich keine und der Ausbau konnte störungsfrei vonstatten gehen.

„Wenig später kam ein Experte vom Kampfmittelräumdienst in einem Spezialanzug, um den Fund unter die Lupe zu nehmen und zu beseitigen."

Das Haus mit dem Doppeleingang weist, wie so viele Gebäude, seine ganz eigene Geschichte auf, und es ist schon fast ein kleines Wunder, dass es allen Gefahren zum Trotz heute in alter Schönheit erstrahlt. Wer welchen Eingang benutzt, ist unterdessen auch egal.

So geht's zum Doppeleingang:

Das UdK-Gebäude mit den zwei Türen befindet sich in der Mierendorffstraße 28-30.

37

Aus Ehrfurcht vor den Pflanzen resultiert Ehrfurcht vor dem Leben. In ihrer Forschungszeit im Botanischen Garten und Museum gelangte Elisabeth Schiemann zu bemerkenswerten Erkenntnissen.

Pfeiler

Erdbeeren gegen Nazis

Im Jahr 2018 bekam der große Hörsaal der Pflanzenphysiologie im Fachbereich Biologie der FU einen Namen. Er heißt seitdem „Elisabeth-Schiemann-Hörsaal“, womit das außerordentliche Schaffen dieser Biologin gewürdigt wird. Doch der Fachbereich möchte damit nicht allein ihre Verdienste als Pflanzengenetikerin hervorheben, sondern auch ihre Vielschichtigkeit und ihren Mut. Was hat es damit auf sich? *Habt Ehrfurcht vor der Pflanze. Alles lebt durch sie.* Dieses Zitat von Johann Wolfgang von Goethe steht an einem Pfeiler am Eingang zum benachbarten Botanischen Garten und des ihm angeschlossenen Museums. Hier war Elisabeth Schiemann von 1931-1943 Gastwissenschaftlerin.

Die Erdbeere namens „Variegata“, die Martina Voigt in der Hand hält, um sie auf dem Grab von Elisabeth Schiemann (1881-1972) einzupflanzen, ist ziemlich klein und zart und braucht noch ein wenig Pflege. Erdbeerpflanzen als Grabschmuck? Ja, seit einigen Jahren wachsen Erdbeeren auf der Grabstätte der Pflanzengenetikerin. Warum diese im Allgemeinen eher unübliche Bepflanzung hier absolut passend ist und was genau die „Variegata" mit Widerstand gegen Nationalsozialismus zu tun hat, kann die Historikerin erklären. Im Rahmen ihrer Tätigkeit an der „Gedenkstätte Deutscher Widerstand" und im Dahlemer „Martin-Niemöller-Haus" hat sie sich ausführlich mit dem Leben von Elisabeth Schiemann befasst.

„Zum ersten Mal wurde ich auf Elisabeth Schiemann aufmerksam, als die Forschung über ihre Freundin Elisabeth Schmitz Fahrt aufnahm", erinnert sich Martina Voigt und ergänzt: „Die Studienrätin Schmitz hatte 1935/36 die aufrüttelnde Denkschrift *Zur Lage der deutschen Nichtarier* verfasst, in der sie das menschliche Leiden unter der Judenverfolgung schonungslos benannte und die Kirche zur deutlichen Gegenwehr aufrief."

Bei den Vorbereitungen zu einer Tagung der „Evangelischen Akademie" im Jahr 2007, bei der Martina Voigt den Kreis der Freundinnen von Elisabeth Schmitz darstellen sollte, griff sie einen Hinweis auf, wonach diese sich mit Elisabeth Schiemann über ihre Denkschrift beraten hatte. Von da an sei sie den Spuren der ihr bis dahin in der Widerstandsforschung nahezu unbekannten Genetikerin nachgegangen. Schiemann und Schmitz (1893-1977) hatten sich bei einem offenen Abend im Haus Anna von Gierkes (1874-1943) kennengelernt (siehe Geheimnis Tafel). „Dort traf sich regelmäßig ein oppositionell eingestellter Personenkreis zu Lesungen und Diskussionen. Man diskutierte ebenso über religiöse wie politische und kulturelle Themen. Und überlegte, wie man Verfolgten helfen konnte."

Die 1881 im heutigen Estland geborene Elisabeth Schiemann war eine der ersten Frauen, die in Preußen zum Studium der Naturwissenschaften zugelassen wurden. „Sie begeisterte sich schon früh für das Fach Genetik, das damals ja noch ganz jung war", erklärt Historikerin Voigt. Schiemann promovierte über Mutationen bei einem Schimmelpilz und forschte ab 1931 am Botanischen Institut in Dahlem zum Ursprung der Kulturpflanzen. Ihr 1932 erschienenes Buch *Entstehung der Kulturpflanzen* wurde zu einem Standardwerk. Mittels Kreuzungen und Chromosomenanalysen, unter anderem an Weizen und Erdbeeren, kam Schiemann zu dem Schluss, genetische Vielfalt sei Trumpf, neben Konstanz gehörten auch Variabilität und „Rassenmischung" zu den Grundbedingungen der Evolution, und dies trage letztlich zur Erhaltung der Arten bei.

Doch zu jener Zeit breitete sich der Ungeist der Nationalsozialisten aus, brach sich Bahn in Parolen von der „Reinerhaltung der Menschenrassen" und „Rassenhygiene". Die Professorin wusste, dass die Rede vom „reinrassigen deutschen Volk" blanker Unsinn ist, und sie behielt das nicht für sich. Bereits 1931 stellte sie in einem Vortrag den damals gängigen Vorstellungen über eine Stammesgeschichte der „Menschenrassen" die These eines kulturellen und genetischen Zusammenhangs zwischen den Völkern gegenüber. „Sie erkannte schon sehr früh glasklar, wohin die ‚Rassenlehre' und -hetze der Nazis führen werden, während so viele andere, auch gebildete Leute, dafür blind waren", erklärt Martina Voigt. „Mich beeindruckt außerdem, wie bestimmt und sehr unerbittlich kritisierend sie mit maßgeblichen Männern umsprang."

Vielfalt sticht Einfalt, auch Erdbeeren können Geschichten erzählen – Historikerin Martina Voigt mit der „Variegata", einer Züchtung Elisabeth Schiemanns.

Die Konsequenzen ließen nicht auf sich warten. „1940 wurde ihr die Venia Legendi, die akademische Lehrbefugnis, entzogen. Der Grund: politische Unzuverlässigkeit. An ihrer aufrechten Haltung änderte das nichts." Sie ging sogar noch weiter: Zusammen mit ihrer Schwester Gertrud half sie den Schwestern Andrea und Valerie Wolffenstein – beide Christinnen jüdischer Herkunft – der drohenden Deportation zu entgehen, unter anderem indem sie ihre gemeinsame Wohnung als Versteck anbot. Elisabeth Schiemann gehörte der Bekennenden Kirche an (siehe Geheimnis Tresor). „Dort fand sie einen Raum, in dem man sich der nationalsozialistischen Infiltration widersetzte und in dem sie sich selbst engagieren konnte", erklärt die Historikerin, „die Erkenntnisse ihrer Forschung wurden ihr zur treibenden Kraft und sie fühlte sich der wissenschaftlichen Redlichkeit verpflichtet. Der Widerstand gegen die rassistische Staatsideologie, gegen die Judenverfolgung und die Ignoranz kirchlicher Kreise gegenüber dem Leid der deutschen Jüdinnen und Juden prägen ihr Leben in der Zeit des Nationalsozialismus." In Diskussionen, Briefen und Memoranden versuchte sie, wortführende Theologen der Bekennenden Kirche zu einer öffentlichen Stellungnahme gegen die Judenverfolgung zu bewegen. Obwohl die Bekennende Kirche die Übernahme des „Arierparagraphen" in das Kirchengesetz ablehnte und sich dafür einsetzte, dass Christen jüdischer Abstammung kirchliche Ämter ausüben, also Geistliche sein können, übten nur sehr wenige ihrer Vertreter auch Kritik an der staatlichen Verfolgung der nicht getauften Jüdinnen und Juden. Scharf kritisierte Schiemann daher immer wieder die judenfeindlichen Tendenzen im Christentum, von denen auch die Kirchenopposition oftmals nicht frei war. Sie blieb weitestgehend erfolglos, aber ab 1935 unterrichtete sie im Rahmen der Bekennenden Kirche Religionslehrerinnen und Religionslehrer im kritischen Umgang mit der vom Regime propagierten „Rassenkunde".

„Die Erkenntnisse ihrer Forschung wurden ihr zur treibenden Kraft und sie fühlte sich der wissenschaftlichen Redlichkeit verpflichtet."

Nach Kriegsende nahm sie bis 1949 ihre Lehrtätigkeit an der späteren Humboldt-Universität wieder auf. Ab 1949 bis zu ihrem Ruhestand im Jahr 1956 leitete sie die Forschungsstelle für Geschichte der Kulturpflanzen. Die mutige, geradlinige Frau verstarb am 3. Januar 1972, posthum wurde sie 2014 von der israelischen Gedenkstätte Yad Vashem als „Gerechte unter den Völkern" geehrt – und wer ihre Geschichte kennt, lernt Erdbeeren ganz anders zu betrachten.

So geht's zum Pfeiler:

Der Pfeiler mit der Aufschrift befindet sich am Eingang zum Botanischen Garten in der Königin-Luise-Straße 6-8.

Café Springfeld

38

Durchgang

Eintritt in eine vergessene klösterliche Welt

Wie ein Kloster aussehen sollte, davon hatte Viola Gebert eine ziemlich genaue Vorstellung. Die haben wir eigentlich alle: dicke Mauern, Türme und ein Kreuzgang müssen sein und gern noch ein klösterlicher Garten drumherum. Verständlicherweise lässt sich der Anblick des einstigen Konvents in der Kreuzberger Axel-Springer-Straße mit dieser Vorstellung nicht vereinen, steht da doch eine typische graue Berliner Mietskaserne. Wo bitte geht's denn hier zum Kloster?

Viola Gebert, die vor vielen Jahren bei einer Führung mit diesem Stück Berliner Geschichte vertraut gemacht wurde, hat hinter die Fassade des Hauses geguckt, in dessen Innenhof sich heute ein lauschiges Café befindet. Und natürlich muss man wissen, dass es hier – wo die riesigen Hochhäuser des Springer-Verlags das Stadtbild dominieren – einmal fast ländlich ausgesehen hat. Bis 1750 hat es an diesem Ort den „Zeidlerischen Garten" gegeben, der später mit einem 36 Meter langen, dreigeschossigen Gebäude überbaut wurde. Der Durchgang führte damals in den Innenhof samt Seitenflügel, in dem sich der Platz für Pferde, Wagen und Kutscher befand. „Im Jahr 1855 ging das Haus in den Besitz der St. Hedwigsgemeinde über", hat Viola Gebert herausgefunden. „Es wurde ab dann für die Einrichtung eines Kloster der Ursulinen genutzt, die hier die erste Höhere Töchterschule Berlins eröffneten."

Die Ursulinen gründeten sich im Jahr 1535 zunächst als „Compagnia di Sant'Orsola", eine Frauen-Laiengemeinschaft unter der geistlichen Führung von Angela Merici (ca.1470/75-1540). Mit der Umwandlung in einen Orden und dessen Ausbreitung zu Anfang des 17. Jahrhunderts übernahmen die Ursulinen neben den Jesuiten die religiöse Erziehung und Bildung der Jugend in Europa. Die Schwestern übten dabei einen entscheidenden Einfluss auf die Mädchenbildung aus. 1639 kamen die ersten Ursulinen nach Deutschland, 1687 wurde

Bei einer Stadtführung kam Viola Gebert ins Staunen: Das schlichte graue Haus soll einst ein Kloster gewesen sein?

das Ursulinenkloster in Breslau gegründet, von wo aus schließlich einige Schwestern im Jahr 1854 nach Berlin entsandt wurden.

Mit der Übernahme des Hauses durch den Orden begann eine rege Bautätigkeit, denn es wurde nun vom Wohnhaus zu einem Ensemble, das Schule, Lehrerinnenseminar, Kloster, Pensionat und Waisenhaus in sich vereinte. Ab 1859/60 wurde eine große Kapelle erbaut, gefolgt von einem Querhaus für den Konvent in den Jahren 1860/61. Das Vorderhaus stockte man 1896 um eine weitere Etage auf. Und schließlich entstand 1911/12 ein fünfgeschossiges Schulgebäude mit allem, was eine Schule so braucht: Klassen- und Lehrerzimmer, Turnraum und Speisesaal. „Von 1877 bis 1889 war es jedoch eine Zeitlang schwierig für die Schwestern", erzählt Viola Gebert. Der zwischen Reichskanzler Otto von Bismarck (1815-1898) und Papst Pius IX. (1792-1878) entstandene Streit um den Einfluss der katholischen Kirche im Staat wuchs sich zum sogenannten „Kulturkampf" aus, in dessen Folge ab 1874 in Preußen die Zivilehe eingeführt und die geistliche Schulaufsicht durch eine staatliche ersetzt wurde. Die Ursulinen mussten ihre Arbeit unterbrechen und in weltliche Hände abgeben, konnten jedoch wieder anknüpfen, nachdem Pius' Nachfolger Leo XIII. (1810-1903) im Mai 1887 die Auseinandersetzung für beendet erklärt hatte.

„Doch 1937 kam unter dem Einfluss der Nationalsozialisten das endgültige Aus für die Ursulinen an dieser Stelle und das Haus wurde an die Feuerwache nebenan zwangsverkauft", berichtet Viola Gebert und fährt fort: „Nach dem Krieg hat sich das Gelände sehr verändert, sodass heute keine klösterlichen Spuren mehr zu finden sind. Die Kapelle wurde aufgrund von Kriegszerstörungen abgerissen, genauso wie das 1912 gebaute Schulhaus. Auch dass die Fassade heute so schmucklos daherkommt, hat mit den baulich Veränderungen nach 1945 zu tun." Es ist lange her, dass Ursulinen und ihre Schülerinnen durch den Durchgang eilten, um pünktlich zum Unterricht zu kommen.

So geht's zum Durchgang:

Er befindet sich in der Axel-Springer-Straße 39.

Hier hat alles begonnen – der schmucklose Stein mit der schwer lesbaren Inschrift gab den Anstoß für Klaus Leutners Recherchen.

39

Gedenkstein

Die Toten beim Namen nennen

Es war schon zu Kinderzeiten, als Klaus Leutners Interesse für Geschichte geweckt wurde. „Mein Geschichtslehrer konnte so toll erzählen", erinnert er sich lächelnd. „Er hat jede Begebenheit mit Spannung gewürzt und so Gefühle geweckt. Das blieb hängen bei mir. Und im späteren Leben waren es immer wieder einzelne Begebenheiten, die mich zu dem lenkten, was ich heute tue", sagt der pensionierte Eisenbahningenieur, aus dem über die Zeit ein leidenschaftlicher Rechercheur geworden ist. Und diese seine Leidenschaft führte ihn – von einem recht unscheinbaren Stein auf dem Städtischen Friedhof Altglienicke über jahrelange Nachforschungen bis dahin, die Entstehung eines ganz besonderen Ortes zu begleiten.

Wer Klaus Leutner zuhört, versteht schnell: Die Arbeit in Archiven liegt ihm, er liebt, was er tut, aber das Ganze hat ein Überthema, und das ist ihm das eigentliche Anliegen: Toleranz und Versöhnung.

„Es ist schon beinahe 20 Jahre her", erinnert sich Leutner, der, nach seinem Abschied aus dem Berufsleben, als ehrenamtlicher Mitarbeiter bei Historiker Hans Coppi in der Gedenkstätte Sachsenhausen das Recherchieren und Quellenstudium von der Pike auf gelernt hat, „da begann ich, mich für das Schicksal einer polnischen Zwangsarbeiterin zu interessieren. Ihr Name war Bronislawa Czubakowska. Sie stammte aus Zgierz, das ist der Ort, in dem meine Frau Alina zur Schule ging. Bronislawa Czubakowska ist, nachdem ihr ein Brand in der Brandenburger Fabrik zur Last gelegt wurde, in der sie arbeiten musste, im Jahr 1942 erst 26-jährig in Plötzensee mit dem Fallbeil getötet worden. Die Leichen der in Plötzensee Hingerichteten wurden in den meisten Fällen in die Anatomie der Charité gebracht, um dort zur Ausbildung der Medizinstudenten verwendet zu werden. So ist es auch mit ihr geschehen – doch dann verlor sich ihre Spur."

Raus aus der Anonymität: Die Opfer haben ihre Namen zurückerhalten und werden nicht vergessen.

Leutner wollte aber wissen, wo die junge Polin bestattet wurde. Seine Spurensuche führte ihn nach Altglienicke. Dort erregte ein ziemlich schmuckloser, verwitterter Stein seine Aufmerksamkeit: *Den 1284 ermordeten Antifaschisten deren Asche hier bestattet ist.* „Irgendwann in den 1950er-Jahren ist dieser Stein hier aufgestellt worden", sagt Klaus Leutner. „Die Inschrift ist absolut nichtssagend. Die ganze Anlage wirkte recht ungepflegt und sich selbst überlassen. Da geht doch jeder vorüber, ohne auch nur hinzugucken. So stelle ich mir würdiges Gedenken an die Menschen, die hier bestattet sind, nicht vor." Klaus Leutner, wollte mehr über die Sammelgrabstätte wissen.

Nun begann die Kleinarbeit. „Ich durfte die Bestattungsbücher einsehen und dazu die Begleitscheine, die von den Krematorien zusammen mit den Urnen geliefert wurden", erinnert er sich. Die Liste wuchs: Name für Name, Schicksal für Schicksal. 1.370 Urnen wurden hier zwischen 1940 und 1945 dicht an dicht bestattet, getötete Insassen aus den Konzentrationslagern Sachsenhausen, Buchenwald und Dachau; Euthanasieopfer aus Hartheim, Sonnenstein, Bernburg, Grafeneck, Brandenburg und Hadamar. „Manchmal kamen hunderte Urnen an einem einzigen Tag." Im Jahr 1952, so fand Klaus Leutner während seiner Recherche heraus, wurden weitere 80 Urnen, die jahrelang in der Anatomie der Charité lagerten, nachträglich bestattet: Er hatte zwar das Grab von Bronislawa Czubakowska nicht gefunden, dafür aber 80 anonymisierte Opfer von Plötzensee.

„Je mehr ich mich damit befasste, umso mehr wurde mir klar, dass das Urnenfeld ein würdiges Gedenken verdiente", schildert der Berliner, was ihm während seiner Recherchen durch den Kopf ging. „Und ich nahm mir vor, nicht nur auf politischer Ebene tätig zu werden, sondern ganz in die Breite zu gehen." Er holte Kirchenleute mit ins Boot – katholische, evangelische, deutsche, polnische. Er arbeitete mit Gruppen von Schülern, er kontaktierte und traf Hinterbliebene – das Ganze wuchs sich zur Mammutaufgabe aus. „Aber ich konnte nicht mehr aufhören", sagt Leutner lächelnd, „so bin ich eben, wenn mir etwas am Herzen liegt."

Vollendet wurde das Werk des sympathischen Pensionärs durch die Schaffung einer Gedenkstätte, die der Senat in Auftrag gab. Der Gedenkstein aus den 50er-Jahren hat dort weiterhin seinen Platz, aber die Hauptrolle spielt er nicht mehr. Am 27. September 2021 wurde die neue Anlage feierlich eingeweiht. „Künstlerin Katharina Struber und der Architekt Klaus Gruber waren für den gestalterischen Aspekt des Ganzen zuständig", sagt Klaus Leutner. „Die Künstlerin hatte eine besondere Idee: 1370 Menschen sollten die Namen der 1370 Opfer schreiben, jeder mit seiner ganz persönlichen Handschrift, wodurch die Schreibenden eine gedankliche Patenschaft übernehmen."

Nach einem Aufruf versammelten sich alleine am 27. Januar 2020 fast 900 Menschen im Rathaus Köpenick, um an dieser Aktion mitzuwirken. „Das war beeindruckend und sehr berührend. Die ganze Schreibaktion war nach einem halben Jahr vollendet, wohingegen wir mit drei Jahren zäher Überzeugungsarbeit gerechnet hatten", so Leutner. „Alle Beteiligten waren überwältigt von diesem Erfolg."

„Die ganze Schreibaktion war nach einem halben Jahr vollendet, wohingegen wir mit drei Jahren zäher Überzeugungsarbeit gerechnet hatten."

Wenn die Sonne Lichtspiele malt, die Bäume und die vorüberziehenden Wolken sich in den gläsernen Wänden des Denkmals spiegeln, wenn Menschen vorübergehen und die Namen der Toten lesen, dann ist genau das passiert, was Klaus Leutner sich gewünscht hat, als er vor fast 20 Jahren auf die 1.370 Schicksale stieß: Sie werden nicht vergessen.

Währenddessen hat er ein weiteres Herzensprojekt gestartet: „Auf dem Friedhof gibt es auch einen Abschnitt, der für die Bestattung jüdischer Menschen vorgesehen war", hat Leutner herausgefunden. „Einige wenige Gräber sind dort angelegt, aber ich würde gern mehr über diese Stätte erfahren. Ein jüdischer Friedhof auf einem städtischen? Wie kam es wohl zu dieser besonderen Konstellation?" Klaus Leutner ist kein Einzelkämpfer. Und wenn Menschen, die seine Leidenschaft teilen, sich bei ihm melden, freut er sich.

So geht's zum Gedenkstein:

Die Gedenkstätte befindet sich auf dem Städtischen Friedhof Altglienicke, Schönefelder Chaussee 100, am Eingang gleich links.

Die Berliner Gedenktafel für Anna von Gierke in Charlottenburg.

40

Tafel

Frau in der Nationalversammlung

Ein roter Faden zieht sich durch das Leben der Anna von Gierke: die Arbeit für die Kinder- und Jugendfürsorge. Als sie im Jahr 1874 geboren wurde, gehörte Charlottenburg, der Ort in dem sie aufwuchs, noch gar nicht zu Berlin. Am Haus in der Carmerstraße 12, wo früher das Wohnhaus der Familie stand, hängt heute eine Gedenktafel. „Die Inschrift sagt natürlich nicht viel über das unfassbar aktive, leidenschaftliche Arbeitsleben der Anna von Gierke aus“, sagt Schriftstellerin Micaela Andrea Gabriel, die bei den Recherchen für ihre dreiteilige Romanreihe *Die Frauen vom Reichstag* einigen faszinierenden Politikerinnen der 1920er-Jahre begegnet und von ihnen begeistert ist. „Anna von Gierke begann schon lange vor ihrer Zeit als Abgeordnete der Weimarer Nationalversammlung mit einer intensiven Jugendarbeit, etwa der Ausbildung von Hortbetreuerinnen und entsprechenden Einrichtungen für die

Kinder berufstätiger Mütter. Man muss sich mal vorstellen, dass eine Parlamentarierin vor über einhundert Jahren von Berlin nach Weimar pendelte und im Zug mit einer Sekretärin unterwegs war, mit der sie ihre Verpflichtungen bearbeitete." Nur durch Vorreiterinnen wie sie wurden Rechte und auch Möglichkeiten erstritten, von denen wir heute als Frauen noch profitieren.

Als Tochter einer aus einer Verlegerfamilie stammenden jüdischen Mutter und eines berühmten Rechtshistorikers wuchs Anna von Gierke (1874-1943) in privilegierten Verhältnissen auf. Bereits ihre Mutter engagierte sich ehrenamtlich in der Wohlfahrtspflege, sodass der jungen Anna soziales Engagement vorgelebt wurde. Bereits in jungen Jahren belegte sie Kurse im Verein des Pestalozzi-Fröbel-Hauses, einer der ältesten Ausbildungsstätten für Sozialberufe in Deutschland, wurde schließlich Leiterin des Vereins und baute von hier aus eine Schulspeisung für bedürftige Kinder auf. Von Anfang an verstand sie, dass es nötig war, Zähigkeit und Ausdauer an den Tag zu legen, denn mit einer Schulspeisung allein war es nicht getan. Es musste auch Personal her. Anna von Gierke schuf den Beruf der Hortnerin als Schaltstelle zwischen Schule, Familie und Fürsorgeeinrichtungen. Ab 1914 war diese Tätigkeit in Preußen staatlich anerkannt. Von 1898 bis 1933 war sie die Leiterin der Ausbildungsstätte „Jugendheim e.V." in Charlottenburg.

Micaela A. Gabriel vor dem Reichstag.

Nach dem Ende des Ersten Weltkriegs bot sich durch die Einführung des aktiven und passiven Wahlrechts für Frauen endlich die Möglichkeit der direkten politischen Einflussnahme. Anna von Gierke trat in die Deutschnationale Volkspartei (DNVP) ein. „Nach den Wahlen zur deutschen Nationalversammlung im Januar 1919 zog sie als eine von 37 Politikerinnen in das 423-köpfige Parlament ein", erklärt Micaela A. Gabriel. Sie erwarb sich Ansehen. Aber der Bruch erfolgte, als sie 1920 wegen ihrer jüdischen Mutter von ihrer Partei nicht wieder aufgestellt wurde, obwohl ihr Vater die DNVP einst mitgegründet hatte. Anna verließ die Partei daraufhin. „Vielleicht war das ein Glücksfall für ihre Arbeit, denn nun konnte sie sich ausschließlich um die Jugendfürsorge kümmern, die ihr so am Herzen lag. Im Jahr 1922 gründete sie Finkenkrug bei Falkensee, ein Landjugendheim, das gleichermaßen Erholungsheim wie Ausbildungsstätte war", erzählt Micaela A. Gabriel. Später war sie eines der ersten Mitglieder des Paritätischen Wohlfahrtsverbandes, der als *Vereinigung der freien privaten gemeinnützigen Wohlfahrtseinrichtungen Deutschlands e. V.* gegründet wurde. Sie baute unablässig an dem Jugendheim in Finkenkrug und arbeitete rastlos in den vielen verschiedenen Organisationen, denen sie vorstand – allein im Jahr 1930 hatte sie vierunddreißig verschiedene Posten inne –, aber nicht alle ihre Ziele ließen sich damals verwirklichen. Die Zeit bis zu Hitlers „Machtübernahme" war zu knapp.

1933 wurde die inzwischen Sechzigjährige wegen ihrer halbjüdischen Herkunft aller Posten und Ämter enthoben, die Führung des Landjugendheims Finkenkrug konnte sie jedoch in die Hände einer Vertrauten übergeben. Trotz der Verfolgung durch die Nationalsozialisten organisierte Anna von Gierke Mittagstische und half, Kinder aus jüdischen Familien in Finkenkrug zu verstecken.

„Die leidenschaftliche Sozialpolitikerin starb 1943 in ihrem Zuhause in der Carmerstraße", sagt Micaela A. Gabriel. „Dass sie in ihrer Wohnung in Charlottenburg bleiben durfte, hing mit dem hohen Ansehen ihres 1921 verstorbenen Vaters zusammen. Sie erlag einem Herzleiden." Das Jugendheim gibt es heute nicht mehr, aber die Gedenktafel an dem Ort, wo einst das Wohnhaus der Familie stand. Ein Platz und eine Straße in Charlottenburg tragen ihren Namen – den einer richtig starken Frau.

So geht's zur Tafel:

Die Gedenktafel für Anna von Gierke und ihren Vater Otto befindet sich in der Carmerstraße 12.

41

Tresor

Zweimal kamen Verbrecher

Bei Sanierungsarbeiten, die von 2016 bis 2019 im Martin-Niemöller-Haus durchgeführt wurden, entdeckten die Arbeiter einen unter dem Putz verborgenen Tresor. Derartige Sicherheitsmaßnahmen dürften im noblen Stadtteil Dahlem in einigen Häusern zu finden sein. Der Tresor hier weist aber auf ein sehr facettenreiches Stück Geschichte hin, das mit diesem Haus untrennbar verbunden ist.

Historiker und Leiter des Martin-Niemöller-Hauses Arno Helwig erzählt: „Im Jahr 1931 trat Martin Niemöller hier in der Dahlemer Gemeinde die neu eingerichtete dritte Pfarrstelle an. Zuvor war er für die Innere Mission tätig gewesen – die heutige Diakonie." Dahlem sei also seine erste eigene Gemeinde gewesen und das Pfarrleben selbst eher eine zweite Berufswahl. Und was war seine erste Wahl?

„Niemöllers Streben nach einer militärischen Karriere kam mit der Niederlage im Ersten Weltkrieg zu einem jähen Ende. Im Krieg hatte er als U-Boot-Kommandant begeistert für Kaiser und Vaterland gedient. Auch seine beiden Dahlemer Pfarrkollegen Friedrich Müller und Eberhard Röhricht hatten Kriegserfahrungen gesammelt", sagt Arno Helwig und fährt fort: „Alle drei widersetzten sich im gutbürgerlichen und auch intellektuell aufgeladenen Dahlem offen der Verfälschung der christlichen Botschaft durch die nationalsozialistische Ideologie und schlossen sich ab 1934 der Bekennenden Kirche an."

Die protestantische Amtskirche in Deutschland war während der Zeit des Nationalsozialismus in einem Kirchenkampf verhaftet. Bereits 1932 hatte sich die „Glaubensbewegung Deutsche Christen" gegründet, die sich stramm hinter nationalsozialistische Ideale stellte und es sich zur Aufgabe machte, alle jüdischen Elemente, sogar das Alte Testament, aus dem Christentum zu entfernen. Von da war es kein weiter Weg, sich auch gegen Christen jüdischer Herkunft zu wenden. Die Deutschen Christen verfolgten das Ziel eines völkischen Christentums

Arno Helwig weiß, dass im Tresor die Gelder des Pfarrernotbundes lagerten.

und strebten einen Umbau der Kirche nach dem Führerprinzip an. Diese Strömung blieb jedoch nicht ohne Widerstand.

Im September 1933 gründete sich der „Pfarrernotbund", dessen offizielle Anschrift die Adresse des Pfarrhauses in Dahlem war, nachdem hier bereits konspirative Gespräche im Vorfeld der Gründung stattfanden. Martin Niemöller selbst stand dem Bund vor und galt bereits als einer der führenden Köpfe der kirchlichen Opposition. „Was der Kirchenkämpfer Niemöller nicht unwidersprochen lassen wollte, war die staatliche Einflussnahme in den Bereich der Kirche und letztlich deren Gleichschaltung", erklärt Arno Helwig. „Der Pfarrernotbund richtete sich gegen den sogenannten *Arierparagraphen* im neuen Kirchengesetz, der besagte, dass Pfarrer und Kirchenangestellte jüdischer Herkunft entlassen werden sollten. In seiner Haltung ging es Niemöller in erster Linie um die Frage ‚Wer ist ein Christ?' Für ihn konnte die Zuschreibung als Jüdin oder Jude im Sinne der Nationalsozialisten nicht für Getaufte gelten." Über den Tellerrand der Kirche hinaus habe Niemöllers Blick dabei aber nicht gereicht. Der Widerspruch gegen die Verfolgung jüdisch Gläubiger und die judenfeindlichen Gesetze des Staates sei ausgeblieben. Wer dem Pfarrernotbund angehörte, unterschrieb eine Verpflichtung zur Bewahrung der reformatorischen Lehre. Der Bund sammelte Geld, um aus dem Kirchendienst entlassene Mitarbeiter und ihre Familien zu unterstützen.

„Was der Kirchenkämpfer Niemöller nicht unwidersprochen lassen wollte, war die staatliche Einflussnahme in den Bereich der Kirche und letztlich deren Gleichschaltung."

Pfarrer Niemöllers mutige Predigten gegen politische Übergriffe auf die Kirche wurden so populär, dass die Gottesdienst regelmäßig überfüllt waren und Menschen weit über die Gemeindegrenzen anlockten. Noch im Jahr 1933 wurde er erstmals vom Oberkirchenrat vom Dienst suspendiert, da er seine Kollegen vom Pfarrernotbund in einem Schreiben zur Verweigerung der Abstammungsnachweise aufgerufen hatte. Die Gemeinde ertrotzte seine Wiedereinsetzung. „Wir wissen, dass die Gestapo ihn überwachte und sogar seine Telefonate abhörte", sagt Arno Helwig. Im Januar 1934 war Martin Niemöller als

Sprecher der kirchlichen Opposition zu einer Audienz mit Hitler, dem Reichsbischof und weiteren Kirchenvertretern geladen. Dabei kam es zu einem heftigen Wortwechsel zwischen Niemöller und Hitler. Tags darauf durchsuchte die Gestapo das Pfarrhaus.

Es gibt im heutigen Martin-Niemöller-Haus nur wenige originale Möbelstücke aus der Zeit der Gründung des Pfarrernotbundes und der Bekennenden Kirche: einen Tisch und zwei dazugehörige Bänke. Sie stehen in der Küche und es ist belegt, dass der Pfarrer und seine Mitstreiter und Mitstreiterinnen sich dort versammelten. „In der Küche konnten wunderbar Nebengeräusche erzeugt werden, die den Leuten von der Gestapo das Abhören erschwerten", erläutert Arno Helwig, „und außerdem hatte man einen guten Blick auf den Vorhof des Hauses. Sie wussten, dass sie vorsichtig sein mussten."

Treffen des Pfarrernotbundes fanden - relativ abhörsicher - in dieser Ecke der Küche des Pfarrhauses statt.

Dennoch, am 1. Juli 1937 kam es schließlich zu Niemöllers Verhaftung. „Dabei wurden die im Tresor aufbewahrten Gelder des Pfarrernotbundes beschlagnahmt – sehr wahrscheinlich ohne Aufbruch, sondern mittels eines Schlüssels", erklärt Historiker Helwig. „Der Tresor befand sich gut versteckt hinter einem Bild in einem kleinen Nebenraum des Arbeitszimmers, der als Archiv diente. Doch das half nichts. 30.000 Reichsmark waren weg und Niemöller saß in Untersuchungshaft. Als er im März 1938 zu einer Geldstrafe und sieben Monaten Festungshaft verurteilt wurde, war diese bereits verbüßt und Niemöller eigentlich ein freier Mann. Nicht jedoch in einem Unrechtsstaat: Er wurde auf Hitlers Fingerzeig hin direkt und ohne Anklage oder Verurteilung wieder inhaftiert und als sogenannter *persönlicher Gefangener des Führers* in das Konzentrationslager Sachsenhausen gebracht."

Aber die einmal angestoßene Solidarität war nicht mehr unterzukriegen. Eine Vielzahl von Menschen, Bekenntniskreise überall in Deutschland und insbesondere in Dahlem, wirkten im Geist der „Bekennenden Kirche“ und darüber hinaus weiter. Häufig waren es Frauen, die im Gemeindeleben Verantwortung übernahmen und Helferkreise bildeten: Einzelne leisteten mutig im Geheimen Hilfe für Verfolgte, suchten Verstecke oder beschafften gefälschte Ausweise. Die abendlichen Dahlemer Fürbittgottesdienste wurden nach Niemöllers Inhaftierung bis Kriegsende täglich abgehalten. Während sich die Bekennende Kirche nicht zu einem klaren Statement gegen die Judenverfolgung durchringen konnte, gingen Frauen wie die Studienrätin und Theologin Elisabeth Schmitz (1893-1977), Sozialfürsorgerin Marga Meusel (1897-1953) und die Professorin für Pflanzengenetik Elisabeth Schiemann (1881- 1972), um nur einige zu nennen, die rassistische Ideologie der Nationalsozialisten scharf und weitsichtig an – nicht ohne Risiko für sich selbst.

Das ehemalige Pfarrhaus und heutige „Martin-Niemöller-Haus“ ist sich selbst treu geblieben. Es war und ist ein Ort, an dem auch in der Folge gesellschaftspolitische Fragen konsequent gestellt wurden und werden. Doch das erzählen wir in einer anderen Geschichte (siehe Geheimnis Tür). Als in den Jahren von 2016 bis 2019 das Haus umfangreich saniert und der Tresor freigelegt wurde, erregte er ein zweites Mal die Aufmerksamkeit von Verbrechern. „Hier gab es während der Baumaßnahmen einen Einbruch, der den Tresor zum Ziel hatte. Man sieht deutlich, dass er mit Gewalt aufgebrochen wurde“, sagt Arno Helwig. „Wir haben beschlossen, den Tresor als Teil der Geschichte des Hauses sichtbar zu belassen.“

„Wir haben beschlossen, den Tresor als Teil der Ausstellung sichtbar zu halten.“

So geht’s zum Tresor:

Der Tresor kann während der Öffnungszeiten des Martin-Niemöller-Hauses in der Pacelliallee 61 besichtigt werden. Der Eintritt ist frei.

Anja Pick weist auf die Besonderheit der Begräbnisstätte hin, deren Form und Farbigkeit auffällt.

42

Gitter

Rosenblüten auf dem Weg ins Paradies

November 1893. Zwei junge Paare machen sich hübsch für einen gemeinsamen Abend. Cécilie und Clara tragen neue Kleider. Die kleinen Kinder sind im Bett, wohl behütet von ihren Kindermädchen. Es wird ein lustiger Abend im Restaurant Kempinski. Ihre Ehemänner bestellen Champagner und Austern. Sie lachen viel. Die Geschäfte von Unternehmer Carl Leopold Netter und Apotheker Jakob Lewinsohn laufen blendend. Heute gönnen sie sich etwas richtig Gutes.

Ein paar Tage später stehen die beiden Männer am Grab ihrer jungen Frauen. Was ist passiert? Ein zauberhaftes Rosengitter umkränzt schon bald die gemeinsame letzte Ruhestätte von Clara Netter geb. Bloch (1872-1893) und Cécilie Lewinsohn geb. Netter (1867-1893) auf dem Jüdischen Friedhof in Weißensee. Anja Pick, die als Mitglied im Förderverein des Jüdischen Friedhofs viele Geschichten kennt, die die Grabanlagen als solche nicht preisgeben, weiß, wie es zu dieser recht auffälligen Gestaltung kam: „Die Geschichte ist wirklich tragisch", erzählt sie. „Nachdem die jungen Leute zusammen essen gewesen waren, erkrankten sie alle vier noch in derselben Nacht. Die Männer erholten sich, doch die beiden Frauen – erst 21 und 26 Jahre alt – starben an der Lebensmittelvergiftung durch verdorbene Austern." Die betroffenen Ehemänner beschlossen, die beiden Frauen zusammen beisetzen zu lassen, und beauftragten einen Kunstschmied, das vierseitige Gitter – einer Rosenlaube nachempfunden – herzustellen: Schönheit, Farben und Leichtigkeit inmitten großen Schmerzes.

„Gittergräber sind sehr selten hier", erklärt Anja Pick, „und das hängt damit zusammen, dass viele Metallteile in den Jahren 1942/43 für die Rüstungsindustrie abgebaut und eingeschmolzen wurden." Sie weist darauf hin, dass an vielen größeren Grabmälern die noch vorhandenen Halterungen vom Schicksal des einstigen Grabschmucks zeugten. „Die Rosen und Knospen am Gitter der gemeinsamen Begräbnisstätte der Familien Netter und Lewinsohn sind ein Symbol für Schönheit und Vergänglichkeit und sie verweisen ebenso auf das Paradies."

Im Jahr 2001 sei das Gitter vom Denkmalpflegeamt sehr aufwendig saniert worden. „Damals befand es sich in einem sehr schlechten Zustand und niemand konnte ahnen, dass es einst so bunt gewesen war. Erst ein Farbgutachten förderte das zutage. Die Wiederherstellung dauerte zwei Jahre." Es hat sich gelohnt. Auch wenn das Leben der beiden jungen Frauen viel zu früh endete, die Erinnerung an sie leuchtet weithin sichtbar.

So geht's zum Gitter:

Das Erbbegräbnis befindet sich im Feld B2, Nummer 464 und 465 auf dem Jüdischen Friedhof Weißensee in der Herbert-Baum-Straße 45.

Es ist 15.51 Uhr. Das Kult-Objekt aus den 1970er-Jahren ist heute fast vergessen, aber immerhin zieht es hin und wieder neugierige Blicke auf sich.

43

Uhr

Zeitbestimmung mit Denkfalten

An diesem Ding die Zeit ablesen? Wie soll das denn bitte funktionieren? Renate Buhren lacht: „Ja, ich muss selbst jedes Mal einen Augenblick überlegen, bis es mir einfällt.“ Zuallererst aber freut sie sich, dass sie die sogenannte „Mengenlehre-Uhr“ vor Kurzem wiederentdeckt hat. „Als ich 1986 zum Studium nach Berlin zog“, erzählt die Dokumentarin, „da stand die Uhr am Kudamm an der Kreuzung zur Uhlandstraße, und sie war ganz prominent. Aber ganz ehrlich: Nachdem sie dort abgebaut wurde, ist sie ziemlich in Vergessenheit geraten. Auch bei mir.“

Doch bei einem Stadtspaziergang hat sie das interessante Gebilde, auch „Berlin-Uhr“ genannt, wiederentdeckt und sich schlau gemacht, was es mit dem Wechsel an den heutigen Standort am Europacenter auf sich hat. „Ich kann mich noch erinnern, dass zu meiner Schulzeit plötzlich die Mengenlehre populär wurde“, erinnert sie sich. „Und in diesem Geiste ist wohl auch die Uhr gebaut worden. Sie zog wirklich ziemlich viele Blicke auf sich. Sogar ins *Guinnessbuch der Rekorde* ist sie eingetragen worden. Allerdings machten laufend die Glühbirnen im Innern schlapp, sodass der Unterhalt enorm teuer wurde.“

Die Uhrzeit gibt es hier nicht auf den ersten Blick, sondern erst nach Addition und Multiplikation. Renate Buhren weiß, wie's geht. Es ist 16.03 Uhr.

Der Erfinder der Uhr, der Weddinger Uhrmacher und Ingenieur Dieter Binninger (1938-1991), nahm Letzteres zum Anlass, an einer neuen Art von Glühbirne zu tüfteln. Die sogenannte Ewigkeitsglühbirne mit einer Brenndauer von 150.000 Stunden zu erfinden, war sein Ziel – ein Traum für jeden, der auf Nachhaltigkeit setzt. Jedoch kam es nicht dazu, denn die Unterstützung der großen Leuchtmittelhersteller bekam Binninger nicht. Seine Idee, die Produktion in der ehemaligen DDR-Leuchtmittelfirma Narva anzukurbeln, die er 1991 von der Treuhand übernehmen wollte, konnte er nicht mehr verwirklichen. Er starb im selben Jahr bei einem Flugzeugabsturz.

„Die Uhr hat letztlich wegen der aufwendigen Wartung und den damit verbundenen Kosten oft nicht funktioniert“, erinnert sich Renate Buhren. Bis sie 1995 ganz abgeschaltet wurde. Doch anschließend kam sie nach einer Initiative von Geschäftsleuten an ihren neuen Platz – weniger auffällig zwar, aber immerhin wieder in Betrieb.

Jetzt aber zur alles entscheidenden Frage: Wie bitte geht das nun mit dem Zeitablesen? „Zuerst die leuchtenden Felder zählen“, erklärt Renate Buhren, „und dann addieren oder auch multiplizieren. Ganz oben ist die runde Leuchte, die soll einfach im Sekundentakt blinken. Dann folgen zwei Reihen für die Stunden, dann zwei für die Minuten. Die oberste Reihe besteht aus vier Leuchten, die jeweils fünf volle Stunden anzeigen. Mal angenommen also, es blinken drei davon, dann rechnen wir drei mal fünf und merken uns die 15. Die nächste Reihe hat ebenfalls vier Leuchten, sie zeigen je eine volle Stunde an. Leuchtet also zum Beispiel eine davon, dann addieren wir zur 15 die Eins dazu, es ist also 16 Uhr.“ Leuchtet – wie auf dem Foto – keine davon, bleiben wir bei 15 Uhr.

Soweit klar? Dann kann es weitergehen: Die dritte Reihe besteht aus elf Lichtern: drei roten, acht gelben. „Jetzt geht es um Minuten“, weiß Renate Buhren. „Also jede Leuchte, die brennt, zeigt fünf Minuten an. Nehmen wir mal an, es leuchten zehn: Dann rechnen wir fünf mal zehn gleich fünfzig, also 15:50 Uhr. Aber wir wollen es ja ganz genau, und deshalb haben wir noch die einzelnen Minuten in der letzten Reihe, wieder aus vier Leuchtfeldern bestehend. Ist eins von denen an, ist es 15:51 Uhr.“

Wer jetzt immer noch ganz doll grübelt, der braucht sich wirklich nicht zu genieren. Die Denkfalten auf der Stirn sind einfach Teil des Spaßes. Und wer wirklich Spaß daran hat, der kann die Berlin-Uhr im Miniaturformat noch heute käuflich erwerben. Oder es wie Renate Buhren halten: dem Original mal ab und zu einen Blick schenken und ein bisschen rechnen. Denn das gute Stück einfach zu vergessen, wäre wirklich zu schade.

So geht's zur Uhr:

Die Uhr steht am Europa-Center in der Budapester Straße 5.

Lok-Kunstwerk mit bewegter Geschichte. Michael Grimm weiß, wie Tegel zur „Lok 2000“ kam.

44

Lok

Kunstwerk auf Reisen

Dass vor dem einstigen Eingangstor zu den Borsig-Werken ein Kunstwerk steht, das eine Dampflok darstellt, verwundert nicht, schließlich wurden in der Fabrik nicht wenige dieser Stahlkolosse gebaut. Michael Grimm ist im Geschichtsforum Tegel aktiv, und deshalb ist dem Heimatforscher nicht entgangen, was es mit dem Kunstwerk „Lok 2000“ auf sich hat. Dass es steht, wo es steht, ist nämlich bei Weitem nicht so selbstverständlich, wie es auf den ersten Blick scheinen mag.

Borsig ist in Berlin ein Begriff, seit August Borsig (1804-1854) im Jahr 1837 seine Eisengießerei und Maschinenfabrik gründete. Schon

1854 rollte hier die 500. Lokomotive vom Band. Die ursprünglichen Werkstätten in Mitte und Moabit wurden über die Jahre zu klein, weshalb Borsigs Enkel ab 1896 auf das Tegeler Gelände expandierten, wo ganze 216.000 Quadratmeter nach und nach zum Borsig-Imperium wurden.

Am burgenartig aussehenden Borsig-Tor, das heute noch wie einst an seinem Platz steht, fuhren die fertig produzierten Loks über ein Gleis aus der Fabrik zum nahen Tegeler Güterbahnhof. Genau da steht die fantasievoll aussehende „Lok 2000“ – ein wirklich passender Platz. „Anders als man denken könnte, ist das Kunstwerk jedoch nicht für diesen Ort hier geschaffen worden“, macht Michael Grimm auf die Hintergründe aufmerksam, „tatsächlich hat es eine Odyssee hinter sich. Die Lok befand sich ursprünglich im Ostbahnhof, der damals noch Hauptbahnhof hieß und 1987 anlässlich der 750-Jahr-Feier Berlins neu gestaltet und saniert worden war.“ Dort wurde eigens ein Podest gebaut, um das neun Tonnen schwere Kunstwerk wirkungsvoll zu präsentieren. Ab Mai 1989 hatte die „Lok 2000“ dort ihren Platz und war ein beliebtes und gern betrachtetes Wahrzeichen.

„Der Metallkünstler Achim Kühn hat die Lok aus Original-Dampflokteilen geschaffen“, sagt Michael Grimm. „Die Räder zum Beispiel sind wirklich über Schienen gerollt, auch der Schornstein und die Achsen sind Originalteile.“ Das Reichsbahnausbesserungswerk in Meiningen – in der DDR gefragter Standort zur Reparatur von alten Dampfloks – hatte seinerzeit dem Künstler einige Teile zur Verfügung gestellt. Den Rest besorgten Fantasie und – Stahlrohre.

„Der 1942 geborene Berliner Künstler hat im öffentlichen Raum europa- und deutschlandweit viele Kunstwerke hinterlassen – Brunnen und Skulpturen, Türen und Portale wie zum Beispiel an der Marienkirche, Windspiele aus Stahl, kleine und große Werke. Er hat von jungen Jahren an, als Sohn eines Kunstschmieds, am Schmiedefeuer gestanden“, würdigt der Tegeler das umfangreiche Werk von Achim Kühn und resümiert: „Wie mit seinem eigens für den damaligen Hauptbahnhof geschaffenen Werk verfahren wurde, ist nicht in Ordnung.“

„Er hat von jungen Jahren an, als Sohn eines Kunstschmieds, am Schmiedefeuer gestanden.“

Als nämlich im Mai 1998 der Hauptbahnhof wieder zum Ostbahnhof wurde, weil ein neuer Hauptbahnhof entstand und somit erneute Umbauten erfolgten, war die Lok plötzlich im Wege. Sie passe nicht ins Konzept der neuen Eingangshalle, beschied man dem Künstler von Seiten der Bahn. Neun Tonnen lassen sich nicht gerade leicht bewegen – dennoch wurde das Kunstwerk weggebracht und fand ein vorübergehendes Zuhause in einer ehemaligen Industriehalle in Oberschöneweide. Bis Ende 2005 konnte die Lok im „Kulturwerk", Standort Reinbeckhallen, bleiben, „dann war sie wieder im Wege", erzählt Michael Grimm. „Also hieß es demontieren und einpacken, bis ein pfiffiger Mensch im Bezirksamt Reinickendorf die Idee hatte, das Kunstwerk dahin zu holen, wo einst Dampfloks hergestellt wurden. Das ist zwar schon lange nicht mehr der Fall, aber der Name Borsig wird wohl für immer damit in Verbindung gebracht werden."

Im Jahr 2006 machte sich der Koloss mittels Schwertransporter also erneut auf die Reise und wurde einmal mehr – dieses Mal nun in Tegel – feierlich empfangen. Achim Kühn war auch dabei.

Auf der Radnabe der Laufachse – eines der originalen Lokomotiventeile – hatte er einst beim Schmieden eine Kennung entdeckt: Sie wurde 1920 im Borsig-Werk Breslau hergestellt. Vielleicht war es letztlich doch folgerichtig – die Veränderungen, die Umzüge, das Hin und Her – damit „Lok 2000" irgendwann nach Tegel kommen konnte, zu Borsig, einem Platz, an dem jeder sie vollkommen selbstverständlich findet.

So geht's zur Lok:

Das Kunstwerk befindet sich in der Berliner Straße / Am Borsigturm.

In Bronze gegossene Erinnerung an ein sozial engagiertes Paar – Oskar und Helene Pintsch.

45

Bronzeplastik

Erinnerung an ein sozial engagiertes Paar

Hier heißt alles „Oskar und Helene": der U-Bahnhof, das Wohnviertel und nicht zuletzt die feine Bronzeplastik der Berliner Künstlerin Tina Heuter. Wer hat denn da so nachhaltig seine Spuren hinterlassen?

Dr. Benjamin Kuntz begegnen als Medizinhistoriker und wissenschaftlichem Mitarbeiter am Robert Koch-Institut bei seinen Recherchen immer wieder besonders engagierte Menschen, ohne die so manche Einrichtung in Berlin einst und jetzt gar nicht denkbar wäre. Denn Forschergeist und Wille zur Heilung von Krankheiten ist das eine, die Finanzierung das andere.

„Im Jahr 1905 wurde der *Krüppelkinder-Heil- und Fürsorge-Verein für Berlin-Brandenburg e.V.* gegründet", erzählt er. Das ging auf die Initiative von Konrad Biesalski (1868-1930) zurück, der als leitender Arzt der orthopädischen und Röntgenabteilung des städtischen Berliner Krankenhauses *Am Urban* das Leid der Kinder aus ärmeren Schichten täglich hautnah erlebte. „Oskar und Helene Pintsch, ein Unternehmer-Ehepaar, waren Mitbegründer. Helene übernahm den Vorsitz. Ihre finanziellen Mittel ermöglichten den Bau des nach ihnen benannten *Oskar-Helene-Heims für Heilung und Erziehung gebrechlicher Kinder* auf einem Waldgebiet im Grenzbereich von Dahlem und Zehlendorf, das im April 1914 eröffnet wurde", erklärt Benjamin Kuntz den Zusammenhang. Schon zuvor hatte der Verein aus seinen Mitteln dafür gesorgt, dass ab 1908 im Krankenhaus Am Urban 150 Betten für die Versorgung der sogenannten Krüppelkinder bereitgestellt wurden.

„Viele Kinder litten an Rachitis", erklärt der Gesundheitswissenschaftler. „Man wusste damals schon, dass die Knochen der Betroffenen weich waren, weil ihnen Kalzium fehlte, was verkrümmte Wirbelsäulen, X- und O-Beine verursachte sowie Verformungen von Thorax und Schädel. Damals noch nicht bekannt war die Tatsache, dass der Körper Vitamin D braucht, um Kalzium für die Knochen überhaupt erst verfügbar zu machen." Den Kindern der ärmeren Schichten fehlte es an allem, was sie zum gesunden Aufwachsen eigentlich benötigt hätten: frische Luft und Licht, Gemüse und Obst. Der Erste Weltkrieg verschärfte das Problem.

Biesalski, der das neu gegründete Heim leitete und zudem den Ansatz vertrat, nicht einzelne Gliedmaßen, sondern den ganzen Menschen heilen zu wollen, war auch neuen Therapien gegenüber aufgeschlossen.

Um nur ein Beispiel von vielen zu nennen: Sein Mitarbeiter, der Kinderarzt Kurt Huldschinsky (1883-1940), entwickelte eine neue Therapie. „Licht statt Lebertran, lautete die Devise", erklärt Benjamin Kuntz den fortschrittlichen Ansatz. „Aufgrund des Lichtmangels in den Wintermonaten kam er auf die Idee, die Kinder unter eine Höhensonne zu setzen. Er benutzte dazu Quecksilber-Quarzlampen, die man seit der Jahrhundertwende schon für die Heilung von Hauttuberkulose verwendete." Zwei Monate lang behandelte Huldschinsky vier sehr schwer von Rachitis gezeichnete Kinder im Alter von zweieinhalb bis viereinhalb Jahren mit Licht. „Der Erfolg gab ihm recht. Nicht nur, dass die Kinder bereits nach 14 Tagen eine gesunde Gesichtsfarbe aufwiesen, sie waren auch viel munterer und die Schlaffheit ihrer Muskeln ließ nach." Nach weiteren Wochen konnten sie frei sitzen und ihr Allgemeinzustand hatte sich signifikant verbessert. Nachdem der Kinderarzt seine Studienergebnisse mit großem Erfolg auch international publiziert hatte, wuchsen vielerorts sogenannte „Lichtbadeanstalten" wie Pilze aus dem Boden.

Doch nicht nur im medizinischen Bereich gab es bahnbrechende Entwicklungen, die im Oskar-Helene-Heim wurzelten, auch der Umgang mit versehrten Menschen änderte sich von hier ausgehend. Bedingt durch den Ersten Weltkrieg waren nun nicht nur Kinder, sondern auch kriegsversehrte Männer zu behandeln und wieder in die Gesellschaft einzugliedern. „Für Biesalski und seine Mitstreiter galt in ihrer Arbeit ein Grundsatz, den sie unter dem Motto *Vom Almosenempfänger zum Steuerzahler* umsetzten", sagt Benjamin Kuntz. „Selbst wenn wir vielleicht heute über den Steuerzahler ein wenig schmunzeln müssen, der Gedanke dahinter war damals enorm fortschrittlich. Jeder Mensch kann einen Beitrag für die Gesellschaft leisten, auch wenn er körperliche Einschränkungen hat." So wurde das Oskar-Helene-Heim zur Modellanstalt für den Umgang mit versehrten Menschen.

Oskar (1844-1912) und Helene Pintsch (1857-1923) haben mit ihren finanziellen Mitteln den Weg geebnet, um das Leid vieler Menschen zu lindern und ihnen ihre Würde zurückzugeben. Dass ihr Engagement nicht vergessen wird, beweist die Bronzeplastik eindrucksvoll, auch wenn ihr Oskar-Helene-Heim längst einem Wohnviertel mit Seniorenheim und Gesundheitszentrum gewichen ist, das aber, wie wir wissen, an der Tradition festhält und „Oskar und Helene" heißt.

So geht's zur Bronzeplastik:

Oskar und Helene stehen in der Gartenanlage des Oskar-Helene-Parks an der Clayallee 227.

Ingolf Alwert hat sich mit der Geschichte der einstigen Heil-und Kuranstalt beschäftigt. Ein kleiner Teil der Apsis der einstigen Kapelle ist über ihm auf dem Foto zu sehen.

46

Kapellenrest

Ein wichtiger Mann für Schöneberg

Die Hauptstraße in Schöneberg kann ganz schön stressig sein – Autokolonnen, Doppeldeckerbusse, Einsatzfahrzeuge der nahen Feuerwache, Menschen beim Einkaufen und an Imbissbuden … das ist die typische, manchmal anstrengende Großstadtszenerie. Die parallel dazu verlaufende Belziger Straße ist zwar ruhiger, dennoch ist kaum vorstellbar, dass sich in diesem Bereich einst eine renommierte Kur- und Heilanstalt befunden hat. „Von 1861 bis 1919 war das der Standort der *Maison de Santé*, zu deutsch Haus der Gesundheit, einer privaten Kur- und Heilanstalt", erzählt Ingolf Alwert, der in dieser Gegend wohnt und dem sein Wohnbezirk und dessen Geschichte so richtig am Herzen liegt. Ein wenig kann man heute noch ahnen, wie die Anlage ausgesehen haben muss, wenn man, von der Belziger Straße kommend, einige sichtlich alte Backsteinbauten entdeckt. Besonders auffällig sind ein Wasserturm und ein Schornstein. Einige der an der Hauptstraße gelegenen einstigen Klinikhäuser sind heute schick saniert. Ob die Mieter wohl wissen, dass sie in einem ehemaligen Krankenhaus wohnen? Und dass ein unzugängliches, vollkommen schmuckloses Gebäude in ihrem Hinterhof mal eine Kapelle war? Denn nur die Apsis ist über einer Werkstatt noch zu sehen. Ansonsten deutet von außen nichts mehr darauf hin, dass sich hier ein kleines Gotteshaus befand.

Die Überreste der einstigen Kuranstalt gehören zu den ältesten erhaltenen Bauten in Schöneberg. „Es gab damals noch ganz viel Grün hier", erklärt Ingolf Alwert, „einen ausgedehnten Park, einen Wintergarten und darin eingebettet die jeweiligen Häuser zur Unterbringung und Versorgung der Kranken. Eine Meierei gehörte ebenfalls zur Anlage, denn Ernährungstherapie war einer der Bestandteile der Behandlung. Der Berliner Arzt Dr. Eduard Levinstein gründete und betrieb die Anstalt. Er wurde 1831 in Berlin geboren, war jüdischer Abstammung und seine Mutter war eine Tante von Max Liebermann, was sich im Verlauf seines Lebens noch als wegweisend herausstellen sollte. Aber zuerst einmal wurde er Arzt und heiratete die evangelische Gastwirtstochter Marie Giehrach." Ihr Vater betrieb einen Gasthof an der heutigen Hauptstraße 14. Dort und auf den Grundstücken daneben entstand Levinsteins Gesundheitseinrichtung.

Ab 1866 wurden zusätzlich zu den Kurgästen Nerven- und Gemütskranke behandelt, ab 1871 auch Patienten aus den Berliner „Irrenanstalten", wie sie damals genannt wurden. Levinstein wandte in der Therapie eine fortschrittliche, neue Behandlungsmethode an: „Mitte des 19. Jahrhunderts wurde das no-restraint-System in England erstmalig eingesetzt", erklärt Ingolf Alwert. „Die psychisch kranken Menschen sollten nicht länger mechanischen Zwangsbehandlungen ausgesetzt sein, sondern sich in einer familienähnlichen Situation frei bewegen und selbst organisieren können." Später widmete der Arzt seine Aufmerksamkeit auch der damals weitverbreiteten Morphiumsucht.

Neben seiner Arbeit und Forschung im medizinischen Bereich war Levinstein Kunstsammler. „Er kaufte Gemälde von Künstlern wie

Liebermann, Menzel und von Lenbach." Sie zierten die Salons seiner Klinik und wurden ab 1919 zum Grundstein des Schöneberger Kunstdepots. Laut Auskunft der Museen Tempelhof-Schöneberg bilden die heute noch vorhandenen Werke – einige sind seit dem Zweiten Weltkrieg verschollen – den wertvollsten Teil der Kunstsammlung.

Levinstein starb, erst 51-jährig, im Jahr 1882. „Bevor er seine letzte Ruhestätte auf dem Alten Schöneberger Friedhof fand, war er in der Kapelle der Maison de Santé aufgebahrt", hat Ingolf Alwert recherchiert. „Unter großer Anteilnahme wurde er bestattet. Kurz vor seinem Tod war er noch zum Christentum konvertiert. Den schrittweisen Niedergang seines Lebenswerkes und das endgültige Aus im Jahr 1919 hat er nicht mehr mitbekommen."

Es gibt bislang im öffentlichen Raum keinerlei Hinweis auf die Maison de Santé oder Levinstein und sein Wirken, was Ingolf Alwert sehr bedauert, war der Arzt und Kunstsammler doch ein wichtiger Mann für das aufstrebende Schöneberg. „Eine Gedenktafel oder Plakette würde ich angemessen finden", sagt er. Umso mehr freut es ihn, dass die Bezirksverordnetenversammlung Tempelhof-Schöneberg Anfang Mai 2022 den Beschluss gefasst hat, an oder vor dem Gebäude Hauptstraße 14-15 eine Gedenktafel anzubringen bzw. aufzustellen, um die Erinnerung an die Maison de Santé wachzuhalten.

Wie wäre es, wenn auch irgendwann die vergessene Kapelle saniert und als Atelier oder Treffpunkt genutzt würde? „Das wäre schön, bleibt aber vorerst eine Hoffnung auf die Zukunft", sagt Ingolf Alwert und lächelt still. Er kennt Berlin, das manchmal Tempo und manchmal eben keins hat, er ist schließlich einer von hier.

So geht's zum Kapellenrest:

Die Apsis der Kapelle ist vom rückwärtigen Parkplatz des türkischen Supermarktes in der Hauptstraße 16 über dem Dach einer Werkstatt zu sehen. Die Einfahrt auf den Parkplatz erfolgt auf der Höhe der Belziger Straße 12-14.

Ein wenig versteckt: Maria Beierlein findet den Platz der Skulptur gelungen, auch wenn eilig Vorübergehende sie wahrscheinlich übersehen.

47

Denkmal

Ziemlich berühmtes Eckfenster

„Dabei liegt aber meines Vetters Logis in dem schönsten Teile der Hauptstadt nämlich auf dem großen Markte, der von Prachtgebäuden umschlossen ist, und in dessen Mitte das kolossal und genial gedachte Theatergebäude prangt. Es ist ein Eckhaus, was mein Vetter bewohnt, und aus dem Fenster eines kleinen Kabinetts übersieht er mit einem Blick das ganze Panorama des grandiosen Platzes.“ So schreibt es E.T.A. Hoffmann (1776-1822) in seiner Erzählung *Des Vetters Eckfenster*.

An ebenjenem „grandiosen Platz“ – dem Gendarmenmarkt – steht seit 1998 ein bronzenes Denkmal des Dichters. „Es ist so leicht zu übersehen“, sagt Maria Beierlein, die auf dem Weg von und zu ihrer Arbeit seit Jahren daran vorbeikommt, „besonders im Frühling, wenn ringsherum die Fliederbüsche blühen. Aber genau das macht auch seinen Reiz aus. Der Blick der Figur geht hinüber zum Eckhaus, in dem

Hoffmann sieben Jahre lang bis zu seinem Tod im Jahr 1822 lebte." Und in dem ihm, aufgrund seiner fortschreitenden Erkrankung, am Ende wirklich nur noch durch das Schauen die Teilhabe am Leben blieb. In der Erzählung richtet sich der Blick des Ich-Erzählers und seines Vetters auf das bunte Markttreiben. Anfänglich nimmt der Erzähler nur „eine einzige, dicht zusammengedrängte Volksmasse" wahr, doch angeregt durch den Vetter schaut er genauer hin, die Beschreibungen werden detaillierter. Der Leser merkt: Dem Dichter entgeht einfach nichts, nicht das kleinste Detail.

Dass E.T.A. Hoffmann ein so feiner Beobachter war, sorgte in seinen jungen Jahren für einen handfesten Skandal: 1776 in Königsberg geboren, studierte er dort zuerst Jura. Nach einer Zwischenstation in Glogau kam er im Jahr 1800 nach Berlin, legte sein Assessorexamen ab und wurde nach Posen entsandt. Neben der Ausübung seines Berufs als Jurist schuf er dort klammheimlich freche Karikaturen bekannter Persönlichkeiten der Stadt. Er flog auf. Die Posener fanden seine Sicht auf sie gar nicht lustig – zur Strafe wurde er in eine Kleinstadt versetzt.

Sein Künstlerblut aber, das floss ungehindert, denn Hoffmann konnte nicht nur schreiben und zeichnen, sondern auch musizieren. Dennoch folgten nach dem Einfall Napoleons in Preußen im Jahr 1806 harte Jahre für das Multitalent. Er wurde aus dem Staatsdienst entlassen und schlug sich in den Folgejahren als Musiker, Kapellmeister und Komponist mehr schlecht als recht durchs Leben.

Rund zehn Jahre später – die napoleonische Herrschaft in Preußen war nun Geschichte – konnte er in den Staatsdienst zurückkehren. Als Kammergerichtsrat und erfolgreicher Autor leistete er sich, nun wieder in Berlin lebend, ein recht ausschweifendes Leben. Bei „Lutter und Wegner", direkt am Gendarmenmarkt, war er bekannt für seine Trinkexzesse mit Ludwig Devrient, dem Schauspieler (1784-1832). „Es wird erzählt, dass Leute eigens ins Lokal kamen, um den beiden berühmten Personen dabei zuzusehen, wie sie dem Alkohol ausgiebig zusprachen", sagt Maria Beierlein.

„Es wird erzählt, dass Leute eigens ins Lokal kamen, um den beiden berühmten Personen dabei zuzusehen, wie sie dem Alkohol ausgiebig zusprachen."

Ein großer Triumph in seinem Leben war die Uraufführung seiner romantischen Oper *Undine* 1816 im Theater am Gendarmenmarkt. Das Bühnenbild entwarf Karl Friedrich Schinkel (1781-1841). 14 Vorstellungen wurden gespielt, bevor das Theater Ende Juli 1817 vollständig niederbrannte – vor den Augen von E.T.A. Hoffmann, der nur einen Steinwurf entfernt wohnte. „In den vorderen Zimmern sprangen sämtliche Fensterscheiben und die Ölfarbe tröpfelte von der Hitze herab. Nur beständiges Gießen bewirkte, daß das Holzwerk nicht vom Feuer anging", so schrieb er später in einem Brief an einen Freund, wie er den Brand hautnah erlebte. Dass er trotz des Schreckens weder seinen Humor noch seine Beobachtungsgabe verlor, beweist die weitere Berichterstattung: Rund 5.000 Perücken aus dem Fundus des Theaters stiegen, durch die heiße Luft angetrieben, wie Ballone in die Höhe, eine davon wurde von einem Gardejäger aus der Luft herabgeschossen, weil sie „wie ein bedrohliches feuriges Meteor über dem Bankgebäude schwebte". Das „Ungetüm", wie Hoffmann die brennende Perücke nennt, sank „zischend und brausend [...] nieder: – in den Pißwinkel des Schonertschen Weinhauses". Das Bankhaus hatte nochmal Glück gehabt, nicht auszudenken, die Perücke hätte es ebenfalls in Brand gesetzt! Hoffmanns Kommentar: „Hierauf stiegen sofort die Staatspapiere." Gezeichnet hat er diese Szene auch. Humor ist eben, wenn man trotzdem lacht. Irgendwann blieb dem schwer an Lues (Syphilis) erkrankten Künstler nicht viel mehr als der scharfe Blick aus dem Fenster seiner Wohnung.

Wie sein bronzenes Abbild heute mit feinem, ironischem Lächeln aus den Fliederbüschen guckt, sieht es aus, als beobachte E.T.A. Hoffmann das Treiben rund um den Gendarmenmarkt noch immer. Wie er wohl uns zeichnen und beschreiben würde? Vielleicht ganz gut, dass wir es nicht wissen.

So geht's zum Denkmal:

Die Skulptur steht am Gendarmenmarkt gegenüber vom Restaurant „Lutter und Wegner", Charlottenstraße 56.

Zahnig, aber drollig – einer der Fische an der Backsteinfassade des Stadtbads Charlottenburg.

48

Fische

Ein Bad in Erinnerungen

Freundlich sehen sie nicht aus, die Zähne zeigenden Fische an der Fassade des Stadtbads Charlottenburg. Aber das macht nichts, denn das Erscheinungsbild des 1998 wiedereröffneten „Städtischen Volksbades“ ist insgesamt ein richtiger Hingucker. Vor einiger Zeit hat Monika Gebert eine alte Tradition wiederaufgenommen: Sie ist sehr viel zu Fuß unterwegs, so wie es für sie als Mädchen in der Nachkriegszeit Normalität war. Und dabei kommen eine Menge Erinnerungen hoch. „Ich bin damals überallhin gelaufen“, erzählt sie. „Wir hatten nicht viel, da sparte man eben am Fahrgeld. Dafür kannte ich jede Straße in Charlottenburg wie meine Westentasche.“ Einer ihrer Wege führte sie einmal pro Woche ins „Städtische Volksbad“. Dabei ging es nicht so sehr ums Wasserrutschen und sonstiges Planschvergnügen, sondern ein Bad in der Wanne oder Duschen war angesagt. Die Zähne zeigenden Fische gab es schon in der Nachkriegszeit an der Fassade, die war damals jedoch bei Weitem nicht so schön anzusehen wie heute.

„Ganze Straßenzüge rund um das Bad lagen nach 1945 in Schutt und Asche", erinnert sich Monika Gebert. „Es waren Gehwege freigeschaufelt worden, aber die Trümmer waren überall aufgetürmt. Auch das Volksbad war beschädigt worden, ab Oktober 1945 konnte hier allerdings wieder gebadet werden." Sie und ihre Mutter hatten die letzten Kriegsjahre bei einem Onkel im Oderbruch überlebt. „Mutti war noch in Berlin gemeldet und wollte zurück, unser altes Zuhause war jedoch ausgebombt worden, deshalb bekamen wir ein Zimmer in einer anderen Wohnung zugewiesen, wo wir zusammen mit einer weiteren Familie wohnten. Ein Bad hatten wir natürlich nicht, doch wir waren glücklich, wieder zuhause in Berlin Charlottenburg zu sein", sagt sie. Monikas Vater war im Krieg geblieben: „Lange habe ich noch gehofft und davon geträumt, er würde zurückkommen, aber das blieb leider ein Traum."

Das prächtig gestaltete Bad stammt aus der Zeit, als Charlottenburg noch nicht zu Berlin gehörte. Es war damals eine reiche Residenz vor den Toren der Stadt. Im Schloss Charlottenburg gingen die Hohenzollern aus und ein, auf dem reichlich vorhandenen Bauland entstanden noble Villen, auch Industrie siedelte sich an. Die Einnahmen der Gemeinde wuchsen und Charlottenburg, ab 1877 mit Stadtrecht versehen, wurde eine richtige Boomtown, die Einwohnerzahl vervielfachte sich um die Jahrhundertwende. Natürlich konnte die Stadt sich neben Rathaus und eigener Oper nun auch ein schickes Bad leisten. Stadtbaumeister Paul Bratring (1840-1913) ließ neben Wannenbad- und Duschzellen ein 24 x 10 m großes Schwimmbecken errichten. Die dreigeschossige Backsteinfassade ist auffällig und bunt verziert – Fische, Pflanzen, Muscheln – Jugendstil lässt grüßen.

„Auch als das Bad erbaut wurde, war natürlich der Gedanke da, dass die Menschen einen Ort zur Körperpflege brauchten", erklärt Monika Gebert, „denn so reich Charlottenburg auch war, nicht überall gab es ein Bad in den Wohnungen." Für die Schwimmabteilung wiederum hatten sich die Charlottenburger Schwimmvereine stark gemacht, die bis dahin nur in den vorhandenen Gewässern hatten trainieren können.

Im Jahr 1893 gründete sich der Damen-Schwimmverein „Nixen", damals eine regelrechte Pioniertat, denn an Damenschwimmsport war im Kaiserreich nicht zu denken: Wo käme es denn im Angesicht halbbekleideter Frauen mit Zucht und Ordnung hin? Die Damen setzten sich jedoch durch. Mit nur 26 Mitgliedern im Jahr 1894 hielten sie an ihrer Idee fest, den Damenschwimmsport gesellschaftlich zu etablieren – was 1907 mit dem Beitritt in den Deutschen Schwimmverband auch gelang. Zähigkeit zahlt sich eben doch aus. Ab 1933 durften im Becken übrigens Männer und Frauen gemeinsam planschen.

Monika Gebert erinnert sich noch gut an ihre Zeit im Volksbad: „Es war alles durchorganisiert, für das Duschen gab es 20 Minuten Zeit pro Person, für ein Bad 30 Minuten. Das war ziemlich knapp, denn natürlich gehörten Aus- und Anziehen und Abtrocknen mit zur Badezeit. An jeder Kabine hing eine Tafel, da wurde mit Kreide von der Bademeisterin die Zeit drangeschrieben und sie klopfte, wenn die vorbei war. Handtuch und Seife mussten wir mitbringen." Nach dem Baden ging es nicht gleich nach Hause. „Wir haben, vor allem im Winter, immer noch eine Zeitlang unten im Vorraum gesessen, zusammen mit vielen anderen", erzählt sie, „die Haare mussten trocknen, einen Fön gab es ja damals noch nicht."

Seit 1982 steht das Volksbad unter Denkmalschutz und ist umfassend saniert worden. Monika Gebert ist „ihrem" Bad über die Jahrzehnte treu geblieben, auch als sie längst zuhause in der eigenen Wanne liegen konnte, so lange sie wollte. „Es gab hier eine wunderbare Sauna, die leider geschlossen ist. Aber ich bin noch zu Gymnastikkursen hier. Und immer, wenn ich in die Vorhalle eintrete, erinnere ich mich an den speziellen Geruch des Bades und wie ich als Mädchen hier saß und darauf wartete, wieder nach Hause zu können." Zu Fuß natürlich.

So geht's zu den Fischen:

Die Fische und weiterer Fassadenschmuck befinden sich am Stadtbad Charlottenburg, Krumme Straße 10.

Renate Buhren befindet sich unterhalb des Bahnhofsschilds auf dem nur noch schwer lesbar „Zehlendorf Süd" steht.

49

Schild

Es war einmal eine Eisenbahn

Im Auftrag eines Kunden recherchierte Dokumentarin Renate Buhren zur Potsdam-Berliner Stammbahn. „Das war für mich eine richtig spannende Entdeckung", sagt sie. Klar, sie habe schon von dieser historischen Eisenbahntrasse gehört, nicht zuletzt deshalb, weil seit Jahren eine leidenschaftliche Diskussion darum geführt wird, sie wiederzubeleben. Der Begriff Stammbahn bedeutet, dass es sich um die erste Bahnstrecke einer Region handelt, zu der später viele weitere wie Verästelungen hinzukommen. „Ich wollte einfach mal mehr darüber wissen", fügt sie hinzu – Recherche ist schließlich nicht nur ihr Beruf, sie liebt auch ausführliche Stadterkundungen.

Sie schnappte sich also Fahrrad und Ehemann und fuhr die einstige Strecke ab, so gut das eben möglich ist. Denn natürlich haben die

Zeit, bauliche Veränderungen, Streckenverlegungen und nicht zuletzt die Politik dafür gesorgt, dass vieles nicht mehr da oder unzugänglich ist. „Am Ende der Tour haben wir aber erstaunlich viele Relikte gefunden", sagt sie. „Brücken, Schienen, stillgelegte Bahnsteige, Bahnübergänge … Das anzusehen hat sich sehr gelohnt." Eines davon ist ein altes, extrem verwittertes, rostiges Bahnhofsschild, von Laub fast verborgen, das sich inmitten nicht weniger alter Bahnhofsreste befindet. *Zehlendorf Süd* ist darauf zu lesen, und etwas Mühe braucht es schon, den Schriftzug zu entziffern. Ein Schienenstrang führt in dichtes Buschwerk. Pferdestallungen komplettieren das bunte Bild von „Es war einmal eine Eisenbahn".

Er soll ziemlich gegrantelt haben, der Preußenkönig Friedrich Wilhelm III. (1770-1840), als in seinem Königreich das Zeitalter der Eisenbahn anbrach. Und ihm war, so ist es überliefert, auch ziemlich egal, wie lange es dauerte, um von Berlin nach Potsdam zu kommen. Trotzdem wurde die Bahnstrecke während seiner Regierungszeit gebaut. Sein Sohn, der spätere Friedrich Wilhelm IV. (1795-1861), verstand, dass der technische Fortschritt nicht mehr aufzuhalten war: Er soll bei der Streckeneröffnung gejubelt haben. Ab dem 22. September 1838 rollten in Preußen die Räder auf Schienen. „Die Strecke Potsdam-Berlin war die zweite Bahnstrecke innerhalb von Deutschland und die erste in Preußen", erzählt Renate Buhren. „Die erste zunächst nur 6 Kilometer lange Eisenbahnstrecke war 1835 zwischen Nürnberg und Fürth eröffnet worden. Die Technik samt Lokführer kam da noch aus England." Ab 1840 baute man die Loks dann bei Borsig in Berlin (siehe Geheimnis Lok).

Die preußische Stammbahn wurde 1838 in zwei Abschnitten eröffnet: Am 22. September zwischen Potsdam und Zehlendorf, schon am 29. Oktober folgte der Abschnitt zwischen Zehlendorf und Berlin. Bis 1846 wurde die Strecke über Brandenburg/Havel bis vor die Tore von Magdeburg ausgebaut. „Abgesehen von den Verlängerungen über Berlin und Potsdam hinaus, war die Stammbahn insbesondere für den Regionalverkehr bedeutend", sagt Renate Buhren. „Der für die wachsende Stadt so wichtige Regionalverkehr erfuhr immer mehr Erweiterungen, wie zum Beispiel 1874, als man ab Zehlendorf die Strecke Richtung Wannsee baute." 1891 wurden weitere Gleise zwischen Berlin, Potsdamer Bahnhof, und Zehlendorf verlegt und die Strecke „Neue Wannseebahn“ genannt, weil sie zusammen mit dem zuvor gebauten Teilstück – der „Alten Wannseebahn“ – nun aus der Mitte Berlins bis nach Wannsee führten. Diese Strecke besteht bis heute, die Stammbahn jedoch fiel dem Zweiten Weltkrieg zum Opfer, unter anderem, weil die Brücke über den Teltowkanal zerstört war. Stellenweise wurden die Gleise demontiert. Der nächste große Einschnitt erfolgte 1961 mit dem Mauerbau. „Da war an den Wiederaufbau der schnellen Verbindung endgültig nicht mehr zu denken“, sagt Renate Buhren. „Zwischen Düppel und Kleinmachnow verlief nun die Mauer, aber das Stück Westberliner Stammbahn zwischen Düppel und Zehlendorf, auf dem auch der Bahnhof Zehlendorf Süd lag, wurde noch weiter mit S-Bahn-Zügen betrieben.“

Auch damit war jedoch 1980 Schluss, denn die S-Bahn in West-Berlin gehörte der DDR, und die legte den Abschnitt in jenem Jahr still. Grund dafür waren die extrem niedrigen Fahrgastzahlen. Doch nach dem Mauerfall ist die Stammbahn wieder ins Bewusstsein der Berliner zurückgekehrt: Eine Bürgerinitiative, die sich für die Wiederinbetriebnahme stark macht, gründete sich im Jahr 1999. Not täte es, da die Metropole im Autoverkehr erstickt, was nicht nur die Nerven, sondern auch die Umwelt strapaziert. Außerdem sind beliebte und belebte Vororte wie Kleinmachnow seit Jahrzehnten vom Bahnverkehr abgeschnitten. „Von 1907 bis 1945 benötigten die Züge auf den Stammbahngleisen von Zehlendorf zum Potsdamer Platz nur rund zehn Minuten“, hat Renate Buhren herausgefunden, „dieses unglaubliche Tempo schaffen seitdem weder S-Bahnen noch Autos.“

Im Mai 2022 ist die Auferstehung der Stammbahn beschlossen worden. Jetzt braucht es noch einige Jahre Geduld, dann rollen sie wieder, die Züge auf Berlins ältester Eisenbahnlinie.

So geht’s zum Schild:

Das Bahnhofsschild befindet sich am ehemaligen Haltepunkt der Stammbahn in der Clauertstraße/Robert-von-Ostertag-Straße.

Kapelle

Vom Werden und Vergehen

Gebetet wird hier schon lange nicht mehr. Im Gegenteil: Die Kapelle am Rande des Geländes der ehemaligen Lungenklinik Heckeshorn sieht aus, als hätte sie selbst dringend eine Fürbitte nötig. Aber so ist das, wenn ein Ort von Menschen verlassen oder fast verlassen wird – irgendwann beginnt der Verfall.

„Willkommen an einem magischen Ort", sagt Malerin und Künstlerin Simone Westphal trotzdem. Oder vielleicht gerade deshalb. Denn natürlich haben verlassene Orte ihren ganz besonderen Reiz. Was schon damit beginnt, dass die einst gebändigte Natur fröhlich drauflos wuchert. Und dass manch neue Nutzer sich einfinden. So wie die Künstlerin, die ihr großes, helles Atelier im Dachgeschoss eines der Gebäude des einstigen Klinikgeländes betreibt. Im Erdgeschoss befinden sich die Räume eines Waldkindergartens, den sie selbst vor Jahren mitgegründet hat. Heckeshorn liegt am Südufer des Wannsees, zwischen Wald und Wasser, und ist wie gemacht für Ruhe und Erholung.

Bevor die Lungenklinik einzog, diente das rund 48 Hektar große Grundstück jedoch ganz anderen Zwecken. 1937 erwarb es der Reichsluftschutzbund. Eine Schule zur Ausbildung von Luftschutzwarten entstand hier. Gut für den Wald, der in der Folge den Bauten nicht weichen musste, aus dem einfachen Grund, dass die Anlage vom Flugzeug aus nicht sichtbar sein sollte. Architekt Eduard Jobst Siedler (1880-1949) baute die auf dem Gelände weit verstreuten zweigeschossigen Häuser mit noch heute für den Ort typischen Klinkerfassaden. Einzig der markante Hochbunker bildet eine ziemlich klotzige Ausnahme. In den sechs Etagen wurde während des Krieges die Luftverteidigung in und um Berlin koordiniert, einschließlich der Sirenen für den Fliegeralarm. Ebenso sollten dort im Ernstfall die in der Umgebung ansässigen Nazi-Größen Unterschlupf finden.

Nach dem Krieg grassierte unter der gebeutelten Berliner Bevölkerung die Tuberkulose. Im Juni 1946 ging der *Tagesspiegel* von stadt-

Simone Westphal vor der Kapelle auf dem ehemaligen Klinikgelände – auf ihrem Arm die Filzfigur von Maler Nicolas de Staël (1914-1955), der sich mit einem Sprung aus dem Fenster das Leben nahm.

weit 50.000 Erkrankten aus. Betten zur Behandlung gab es in und um die kriegszerstörte Stadt kaum. Abhilfe musste her. „Die Lage am waldigen Stadtrand war für die Genesung der Kranken ideal", erzählt Simone Westphal. Einen Bestandteil der Heilung von der ansteckenden, früher „Schwindsucht" oder „Krankheit der Armen" genannten Infektion mit Tuberkulosebakterien bildete die sogenannte Liegekur an der frischen Luft, die manchmal monatelang dauerte.

1946 wurde die Gründung eines Tuberkulose-Krankenhauses in Heckeshorn beschlossen. Im Verlauf der folgenden Jahrzehnte entstanden zahlreiche Bettenhäuser, eine Kinderklinik, moderne Operationssäle, ein Kesselhaus, Wäscherei und Werkstätten. 1962 kam die Kapelle dazu, Kirchenbaurat Karl Streckebach (1908-1984) war der Architekt. Klare Formen, helle Farben, wenige Stuhlreihen, über dem einfachen Altar spielen künstlerisch schlicht gestaltete Fenster mit dem Licht – alte Fotos zeigen, dass hier für den, der Heilung durch Stille und Gebet suchte, nichts vom Wesentlichen ablenkte.

Jede Menge Leben: Der Post Mortem Felted Club besucht die Kapelle in Heckeshorn.

Mit dem Aus für den Klinikstandort aufgrund der Fusion der Krankenhausstandorte Heckeshorn, Oskar-Helene-Heim und Behring-Krankenhaus im Jahr 2001 kam im Jahr 2006 mit Auszug der Kliniken auch das Ende der Kapellennutzung. Seitdem verfällt der Bau. Grün wuchert auf dem Vorplatz, auch Vandalismus blieb nicht aus. Schade drum.

Simone Westphal, die seit 2006 in Berlin als freie Künstlerin lebt und arbeitet und nicht weit von der Kapelle ihr Atelier hat, beschäftigt sich neben der Malerei mit einem ganz besonderen Projekt – dem Post Mortem Felted Club. Die Idee dazu ist in der Zusammenarbeit mit dem Künstler Menno Veldhuis (*1974) entstanden. „Ich erwecke Künstlerinnen und Künstler, die nicht älter als 50 Jahre geworden sind, zum Leben zurück“, erzählt sie. Die Figuren aus Filz sind Abbilder berühmter Persönlichkeiten, darunter Frida Kahlo, Jackson Pollock, Vincent van Gogh, Diane Arbus, Martin Kippenberger und Keith Haring. Der Gedanke des „posthum geboren Werdens“ stammt aus Friedrich Nietzsches Spätwerk *Ecce homo* und dient ihr als Inspiration, denn nicht wenige Künstlerinnen und Künstler litten Zeit ihres Lebens unter Missachtung ihrer Kunst und wurden erst nach ihrem Tod berühmt. „Und dennoch konnten sie nicht anders, als für ihr Schaffen zu leben“, sagt Westphal, die selbst leidenschaftlich ihrer Arbeit nachgeht. Die ungefähr 40 Zentimeter großen Filzfiguren entstehen in langwieriger, monatelanger Kleinarbeit, aber wenn die Künstlerin begonnen hat, hört sie so schnell nicht auf. „An den siebzehn Figuren habe ich fast zwei Jahre gearbeitet“, sagt sie und fügt augenzwinkernd hinzu: „Da ernte ich schon manchmal schräge Blicke, wenn ich in der Bahn sitze und mit Nadeln auf die Puppen einsteche.“

Wer die Endprodukte sieht, staunt, wie viel Leben in ihnen steckt und wie sie beinahe magisch ihre Umgebung beleben. Neben Ausstellungen in Potsdam war die Künstlerin mit ihren Figuren auch schon in New York. „Da habe ich sie vor dem Guggenheim Museum aufgestellt. Es geht darum, dass bekannte und unbekannte Künstler nun gemeinschaftlich dort ins Guggenheim Museum – in diesen Kultort – einziehen wollen“, erklärt Simone Westphal ihre Intention, „weil sie es Zeit ihres Lebens mit ihrer Kunst nicht dort hineingeschafft haben und sie es nun gemeinsam versuchen. Früher waren die Künstlerinnen und Künstler oft Einzelkämpfer – nun sind sie ein Team.“

„Was bleibt?“, lautet die Frage hinter dem Werk der Künstlerin. „Licht wird alles was ich fasse, / Kohle alles, was ich lasse“, hat Nietzsche einst geschrieben. Was bleibt? Die Frage stellt sich ebenso angesichts der verfallenden Kapelle auf einem Gelände, das einst eine Klinik war.

So geht’s zur Kapelle:

Die Kapelle befindet sich auf dem Gelände der ehemaligen Lungenklinik an der Straße Am Heckeshorn, gleich rechts vom Eingang.

Quellen, Literatur, Bildnachweis

Allen, Heather: „Die Wiesenburg“ – Die Geschichte eines besonderen Asyls. Berlin 2020, Seite 7 ff.

Alwert, Ingolf: Privates Archiv.

Begräbnisstätte & Erinnerungsort Friedhof Altglienicke. URL: https://www.erinnerungsort-altglienicke.de. Abgerufen am 13.03.2022.

Berlin.de: „AVUS“. URL: https://www.berlin.de/sehenswuerdigkeiten/5317411-3558930-avus.html. Abgerufen am 25.04.2022.

Berliner Spreepark: „Chronik“. URL: https://berliner-spreepark.de/chronik. Abgerufen am 13.05.2022.

Berliner Verkehrsseiten: „Omnibus Berlin – ABOAG“. In: Berliner Verkehrsseiten. URL: http://www.berliner-verkehrsseiten.de/bus/Geschichte/ABOAG/ABOAG_Fz/PB/pb.html. Abgerufen am 05.07.2022.

Bienert, Michael: „Hoffmanns Berlin“. In: E.T.A. Hoffmann Portal. URL: https://etahoffmann.staatsbibliothek-berlin.de/leben-und-werk/orte/berlin/. Abgerufen am 08.03.2022.

Blanco Gomez, Christian: Ehemaliges Institut für Kirchenmusik Berlin, Hardenbergstraße 41. Privates Archiv.

Ders.: privates Archiv.

Bormann, Christian: „Auf den archäologischen Spuren der Elisabeth Christine“. In: Pankower Chronik. URL: https://pankowerchronikdotde.wordpress.com/2021/06/26/auf-den-archaeologischen-spuren-der-elisabeth-christine/. Abgerufen am 19.06.2022.

Ders.: „Schönholz: Der Heide-Bunker“. In: Pankower Chronik. URL: https://pankowerchronikdotde.wordpress.com/2014/07/27/schoenholz-heide-bunker-18978751/. Abgerufen am 06.06.2022.

Ders.: „Vergnügungspark Traumland in der Schönholzer Heide“. In: Pankower Chronik. URL: https://pankowerchronikdotde.wordpress.com/2015/02/18/vergnuegungspark-traumland-schoenholzer-heide-20107657/. Abgerufen am 06.06.2022.

Ders.: Privates Archiv.

Bormann, Lukas; Heymel, Michael (Hrsg.): Martin Niemöller – Brüche und Neuanfänge. Beiträge zu seiner Biographie und internationalen Rezeption (Arbeiten zur kirchlichen Zeitgeschichte, AKIZ.B). Göttingen 2022 (in Vorbereitung).

Buhren, Renate: Privates Archiv.

Bühler, Christoph: Geschichte 1, Freising 1989, S. 38 f.

Bünger, Reinhart: „Kein Durchbruch am Checkpoint Bravo“. Tagesspiegel vom 09.11.2019. URL: https://www.tagesspiegel.de/wirtschaft/immobilien/verlassene-berliner-orte-nach-dem-mauerfall-kein-durchbruch-am-checkpoint-bravo/25202048.html. Abgerufen am 23.05.2022.

Bürgerinitiative Stammbahn: „Die Geschichte der Stammbahn“. URL: https://www.stammbahn.de/#tab-c3aafaf9f2f4a02be6c. Abgerufen am 30.06.2022.

Collonil.com: „Die Geschichte von Collonil“. URL: https://www.collonil.com/ueber-collonil. Abgerufen am 13.06.2022.

Conrad, Andreas: „Vor 180 Jahren eröffnete die erste Bahnstrecke zwischen Berlin und Potsdam“. In: Tagesspiegel vom 29.10.2018. URL: https://www.tagesspiegel.de/berlin/preussische-eisenbahn-vor-180-jahren-eroeffnete-die-erste-bahnstrecke-zwischen-berlin-und-potsdam/23239764.html. Abgerufen am 30.06.2022.

Dammer, Boris: „Blutspur führte nach Lübars“. In: Reinickendorfer Allgemeine Zeitung vom 14.01.2021. URL: https://www.raz-zeitung.de/2021/01/14/blutspur-führte-nach-lübars/. Abgerufen am 18.06.2022.

Ders.: „König der Aufschneider“. In: RAZ Magazin Ausgabe 03/21, Seite 76.

Deutsches Historisches Museum: „Afrika in Berlin – ein Stadtspaziergang des Deutschen Historischen Museums“. URL: https://www.dhm.de/archiv/ausstellungen/namibia/stadtspaziergang/treptow.htm. Abgerufen am 18.04.2022.

Deutsches Patent- und Markenamt: „150. Geburtstag von Käthe Paulus“. URL: https://www.dpma.de/dpma/veroeffentlichungen/aktuelles/patentefrauen/patentefrauen/kaethepaulus/index.html. Abgerufen am 27.02.2022.

„Dieter Binninger“. In: Academic dictionaries and encyclopedias. URL: https://de-academic.com/dic.nsf/dewiki/333483. Abgerufen am 07.05.2022.

Engel, Helmut: Das Haus des deutschen Kaisers, das „Alte Palais“ unter den Linden. Berlin 2004, S. 7ff.

Filipowsky, Marita: Privates Archiv.

Förderkreis Museum Knoblauchhaus e.V.: Berlinisches Salon-Journal. Blatt für Geist und Herz. Berlin 2020, S. 2-9.

Freie Universität Berlin: „Elisabeth-Schiemann-Hörsaal“. In: Fachschaftsinitiative Biologie. URL: https://www.bcp.fu-berlin.de/studium-lehre/verwaltung/fachschaften/fachschaftsinitiative-biologie/Elisabeth-Schiemann-Hoersaal/index.html. Abgerufen am 08.07.2022.

Frühbeis, Xaver: „Das Ballett der fliegenden

Perücke“. In: BR Klassik. URL: https://www.br-klassik.de/themen/klassik-entdecken/was-heute-geschah-schauspielhaus-gendarmenmarkt-berlin-brand-100.html. Abgerufen am 16.04.2022.

Gabriel, Micaela A.: Privates Archiv.

Gähler, Monika: „Ein Bad für die Nixen“. In: In Geschichte baden. URL: https://www.historische-hallenbaeder.de/bäder-von-a-z/berlin/stadtbad-charlottenburg/. Abgerufen am 27.05.2022.

Gemeindekirchenrat der Evangelischen Paulus-Kirchengemeinde (Hrsg.): Festschrift zur Einweihung der neuen Orgeln. Berlin 2013, S. 24ff.

Geppert, Alexander C.T.: „Weltstadt für einen Sommer: Die Berliner Gewerbeausstellung 1896 im europäischen Kontext“. In: Die Geschichte Berlins. URL: https://www.diegeschichteberlins.de/geschichteberlins/berlin-abc/stichworteag/975-weltstadt-fuer-einen-sommer-die-berliner-gewerbeausstellung-1896-im-europaeischen-kontext.html. Abgerufen am 18.04.2022.

GLEIMHAUS Museum der deutschen Aufklärung. (2021-11-26). Audienz der Anna Louisa Karsch bei Friedrich II. 1763. URL: https://st.museum-digital.de/object/13953 https://st.museum-digital.de/index.php?t=objekt&oges=13953. Abgerufen am 26.05.2022.

Görtemaker, Manfred: Deutschland im 19. Jahrhundert. Entwicklungslinien. Opladen, 5. Aufl. 1996, S. 79.

Götzmann, Jutta: The Post Mortem Felted Club. Vorwort im Katalog zur Ausstellung im Potsdam Museum – Forum für Kunst und Geschichte. Potsdam 2019, S. 1f.

Grell, Stefan: Privates Archiv.

Grimm, Michael: Privates Archiv.

Günther, Michael: „Die Lok 2000 am Borsig-Tor“. Berliner Verkehrsblätter 04/2021, S. 86-93.

Hay, Gerhard: „Karsch, Anna Louisa“. In: Neue Deutsche Biographie 11 (1977), S. 299-300 [Online-Version]. URL: https://www.deutsche-biographie.de/pnd118560328.html#ndbcontent, Abgerufen am 26.05.2022.

Helwig, Arno (Hrsg.), „… an dem Geschehen der Welt mitverantwortlich“. Kommentierte Dokumentation zur Dauerausstellung im Martin-Niemöller-Haus Berlin-Dahlem. Berlin 2021, S. 19ff.

Hein, Reinhard; Seehausen, Vera: Heckeshorner Geschichten, Verein der Freunde der Lungenklinik Heckeshorn. URL: https://www.heckeshorn.de/geschichten.html. Abgerufen am 10.01.2022.

Hensel, Harald; Kundt, Christiane: Lichterfelder Bahnhofsgeschichten – 140 Jahre Bahnhof Berlin Lichterfelde West. Berlin 2012, S. 75-96.

Highsmith, Patricia: Der Junge, der Ripley folgte. Zürich 2004, S. 242-268.

Hoffmann, E.T.A.: „Des Vetters Eckfenster“. In: Projekt Gutenberg. URL: https://www.projekt-gutenberg.org/etahoff/eckfenst/eckfenst.html. Abgerufen am 08.03.2022.

Hofmann, Dr. Werner (Hrsg.): „Biedermeier“. In: Fischerlexikon Bildende Kunst 3, Frankfurt 1961, S. 29, 37, 123f, 143, 230.

Hoppe, Ralph: Pankow – Zwischen Idylle und Metropole. Berlin 2013, S. 117-119.

Jirka, Prof. Kai-Uwe: Privates Archiv.

Jordan, Dirk: „Die mutigen Protestantinnen von Zehlendorf“. In: Tagesspiegel. URL: https://www.tagesspiegel.de/berlin/bezirke/steglitz-zehlendorf/eine-heldinnengeschichte-die-mutigen-protestantinnen-von-zehlendorf/9562054.html. Abgerufen am 28.05.2022.

Jüdische Gemeinde zu Berlin: Der Jüdische Friedhof Weißensee Berlin – ein Rundgang zu ausgewählten Grabstätten. Berlin 2011, S. 66.

Junge, Werner: „Idstedt-Löwe“. In: Gesellschaft für Schleswig-Holsteinische Geschichte. URL: https://geschichte-s-h.de/sh-von-a-bis-z/i/idstedt-loewe/. Abgerufen am 21.05.2022.

König, Ingenieurbüro: „Geschichte des Arbeitsschutzes in Deutschland“. URL: https://www.as-koenig.de/de/geschichte-des-arbeitsschutzes-in-deutschland.html. Abgerufen am 18.06.2022.

Kühn, Helgard; Elgaß, Peter (Hrsg.): „Achim Kühn Werksverzeichnis“. Immenstadt-Werdenstein 2017, S. 7ff.

Kuntz, Benjamin: „Kurt Huldschinsky – ‚Licht statt Lebertran‘. Mit Höhensonne gegen Rachitis“. Aus der Reihe Jüdische Miniaturen. Leipzig 2021, S. 38-43.

Ders.: „Tor“. Privates Archiv.

Landesdenkmalamt Berlin: „Andrew Barracks”. In: Denkmale der Alliierten. URL: https://www.berlin.de/landesdenkmalamt/denkmale/denkmale-der-alliierten/usa/steglitz-zehlendorf/andrews-barracks-617562.php. Abgerufen am 18.06.2022.

Ebd.: „Wohnhaus & Kloster & Schule Axel-Springer-Straße 39“. In: Denkmaldatenbank. URL: https://www.berlin.de/landesdenkmalamt/denkmale/liste-karte-datenbank/denkmaldatenbank/daobj.php?obj_dok_nr=09040026. Abgerufen am 24.06.2022.

Lausitzer Rundschau: „Paul Marcus. Eine Gründerzeitnatur”. In: LR vom 16.10.2004. URL: https://www.lr-online.de/lausitz/finsterwalde/paul-marcus.-eine-gruenderzeitnatur-35457776.html. Abgerufen am 05.07.2022.

Leutner, Klaus: privates Archiv.

Lesser, Kathrin: „Geschichte und Bedeutung des Friedhofs“. In: Förderverein Jüdischer Friedhof Berlin Weißensee. URL: https://jewish-cemetery-weissensee.org/wp/index.php/geschichte-und-bedeutung-des-judischen-friedhofs-weisensee/. Abgerufen am 16.05.2022.

Lipphardt, Veronika: „‚Rasse' und ‚Bastard' bei Elisabeth Schiemann". In: Nürnberg, Reiner; Höxtermann, Ekkehard; Voigt, Martina (Hrsg.): Elisabeth Schiemann 1881-1972 – vom AufBruch der Genetik und der Frauen in den UmBrüchen des 20. Jahrhunderts. Rangsdorf 2014, S. 302-313.

Markschies, Prof. Christoph: Privates Archiv.

Mende, Jan: Blumentisch und Zimmerhecke. Naturalisierte Interieurs der Biedermeierzeit. In: Grotz, Kathrin; Rahemipour, Patricia (Hrsg.): Geliebt. Gegossen. Vergessen. Phänomen Zimmerpflanze. Ausstellungskatalog, Botanisches Museum Berlin. Berlin 2019, S. 102-105.

Meyer, Michael: „Medienhetzer und Politgammler". In: Deutschlandfunk Archiv. URL: https://www.deutschlandfunk.de/medienhetzer-und-politgammler-100.html. Abgerufen am 28.05.2022.

Muntermann, Natalie: „Rudi Dutschke". In: Planet Wissen. URL: https://www.planet-wissen.de/geschichte/deutsche_geschichte/studentenbewegung/pwierudidutschke100.html. Abgerufen am 28.05.2022.

Museen Tempelhof-Schöneberg: Die Kunstsammlung. URL: https://www.museen-tempelhof-schoeneberg.de/kunstsammlung.html. Abgerufen am 19.04.2022.

Noack, Christoph: „Denkmal des Monats". Stadtentwicklungsamt Berlin, FB Stadtplanung, Steglitz-Zehlendorf, Dezember 2019. URL: http://www.berlin.de › stadtentwicklungsamt › de. Abgerufen am 10.01.2022.

Ostrominski, Jens: Berliner Weiße - Alles zur Berliner Bierart mit Schuss. URL: https://www.keinfernsehbier.de/berliner-weisse. Abgerufen am 11.01.2022.

Pfister, Gertrud: Fliegen – ihr Leben. Die ersten Pilotinnen. Berlin 1989, S. 30-40.

Pflug, Claudius: Privates Archiv.

Pohl, Manfred: „Rathenau, Emil". In: Neue Deutsche Biographie 21 (2003), S. 172-173 [Online-Version]. URL: https://www.deutsche-biographie.de/pnd118598422.html#ndbcontent. Abgerufen am 18.06.2022.

Robert Koch-Institut: Freund und Mitstreiter - Shibasaburo Kitasato und Robert Koch. URL: https://www.rki.de/DE/Content/Institut/Geschichte/Koch_Schueler/RK_und_Kitasato.html. Abgerufen am 16.04.2022.

Röhrs, Christine-Felice: „Gasse in die Vergangenheit". In: Der Tagesspiegel vom 19.11.2002. URL: https://www.tagesspiegel.de/berlin/gasse-in-die-vergangenheit/365280.html. Abgerufen am 22.02.2022.

Schrey, Martina: „Viel mehr als zehn Kilometer Straße". In: RBB Panorama. URL: https://www.rbb24.de/panorama/hintergrund/avus-geheimnisvolle-orte-in-berlin.html. Abgerufen am 25.04.2022.

Schröder, Meinhard: Privates Archiv.

Schwabe, Fabio: „Kulturkampf Bismarcks". In: Geschichte kompakt. URL: https://www.geschichte-abitur.de/lexikon/uebersicht-deutsches-kaiserreich/kulturkampf-bismarcks. Abgerufen am 24.06.2022.

Schwimmverein Nixe.de: „Geschichte der Nixen 1893". In Charlottenburger Damen-Schwimmverein Nixe e.V. seit 1893. URL: https://schwimmverein-nixe.de/geschichte-1893-1911/. Abgerufen am 27.05.2022.

Sethmann, Jens: „Ledigenwohnheime, Damenbesuch tabu". In: Berliner Mieterverein.de. URL: https://www.berliner-mieterverein.de/magazin/online/mm1212/121222.htm. Abgerufen am 29.05.2022.

Siedke, Dr. Eckard: Privates Archiv.

Ders.: „Ein Kirchlein und die Menschen, die sich kümmern". In: Paulus-Blätter, Zeitung der Evangelischen Paulus-Kirchengemeinde. Mai 2022, S. 6.

Siegele, Klaus: „Räume überspannen – Massivdecken im 19. und 20. Jahrhundert". In: db deutsche bauzeitung. URL: https://www.db-bauzeitung.de/bauen-im-bestand/historische-bautechniken/raeume-ueberspannen/. Abgerufen am 07.03.2022.

Sonn, Ulrich: „28 Jahre für den Versöhnungsbund – Rückblick, Dank und Ausblick". In: Rundbrief des Internationalen Versöhnungsbundes – Deutscher Zweig e.V. Berlin 04/2008, S. 3-7.

Staatsbibliothek zu Berlin, Preußischer Kulturbesitz: E.T.A. Hoffmann Portal, Kurzbiografie. URL: https://etahoffmann.staatsbibliothek-berlin.de/unterrichten/wissenswertes/. Abgerufen am 16.03.2022.

Stiftung Oskar-Helene-Heim: „Historie". URL: http://www.stiftung-ohh.de/historie/. Abgerufen am 26.04.2022.

Stiftung Sing-Akademie zu Berlin: „Geschichte des Notenarchivs". URL: https://www.stiftung-sing-akademie.de/48-0-Geschichte.html. Abgerufen am 26.05.2022.

Stiftung Umverteilen: „Geschichte". URL: https://www.umverteilen.de/geschichte01.html. Abgerufen am 24.06.2022.

Stürzbecher, Manfred: Lungenklinik Heckeshorn – Die Vor- und Gründungsgeschichte. Verein der Freunde der Lungenklinik Heckeshorn. URL: https://www.heckeshorn.de/vorgeschichte.html. Abgerufen am 10.01.2022.

Spehr, Ludwig Ferdinand: „Elisabeth Christine". In: Allgemeine Deutsche Biographie 6 (1877), S. 34-36 [Online-Version]. URL: https://www.deutsche-biographie.de/pnd119120674.html#adbcontent. Abgerufen am 19.06.2022.

Tegelportal, Magazin: „Wie der Borsigdamm entstand“. URL: https://www.tegelportal.de/tegelarchiv/borsigdamm/#tab-id-1. Abgerufen am 31.03.2022.

Timmler, Wolfgang W.: Unter Moskauer Patriarchat. Der Russisch-Orthodoxe Friedhof in Tegel. In: Berlin im Detail. URL: https://berlingeschichte.de/bms/bmstxt99/9909detb.htm. Abgerufen am 31.03.2022.

Universität der Künste Berlin: „Die vorangegangenen Institutionen von 1669 bis 1975“. URL: https://www.udk-berlin.de/universitaet/die-geschichte-der-universitaet-der-kuenste-berlin/die-vorangegangenen-institutionen-von-1696-bis-1975/vorangegangene-institutionen-musik-und-darstellende-kunst/institut-fuer-kirchenmusik-akademie-fuer-kirchen-und-schulmusik-1822-1933/. Abgerufen am 10.03.2022.

Ursulinen.de: Zeitleiste, Geschichte. In: Föderation deutscher Ursulinen. URL: https://www.ursulinen.de/woher-wir-kommen/zeitleiste.html. Abgerufen am 24.06.2022.

visit Berlin (Blog): „Rathenau-Hallen: Visionen eines Berliner Ingenieurs“. URL: https://www.visitberlin.de/de/blog/rathenau-hallen-visionen-eines-berliner-ingenieurs. Abgerufen am 18.06.2022.

Voigt, Martina: „Elisabeth Schiemanns Bekenntnis und Widerstand im Nationalsozialismus“. In: Nürnberg, Reiner; Höxtermann, Ekkehard; Voigt, Martina (Hrsg.): Elisabeth Schiemann 1881-1972 – vom AufBruch der Genetik und der Frauen in den UmBrüchen des 20.Jahrhunderts. Rangsdorf 2014, S. 314-341.

Völzmann, Gerhard: „Crystall-Eiswerke“. In: Tegelportal. URL: https://www.tegelportal.de/tegelarchiv/tegelkalender-2011/januar-chrystall-eiswerke/. Abgerufen am 25.04.2022.

Ders.: Tegeler Geschichten. Hrsg: Michael Grimm, Geschichtsforum Tegel. Berlin 2022, S. 118, 120, 125.

Wauer, Britta; Losier, Amélie: „Der jüdische Friedhof Weißensee“. Berlin 2010, S. 138f, 152-153.

Wegener, Dr. Hildburg: „Anna von Gierke“. In: Digitales Deutsches Frauenarchiv. URL: https://www.digitales-deutsches-frauenarchiv.de/akteurinnen/anna-von-gierke. Abgerufen am 11.05.2022.

Wellmann, Berend: Privates Archiv.

Wenk, Erik: „Berliner Weiße - Das erste deutsche Bier mit regionalem Kulturerbe“. URL: https://www.tagesspiegel.de/berlin/arche-des-geschmacks-berliner-weisse-das-erste-deutsche-bier-mit-regionalem-kulturerbe/10284308.html. Abgerufen am 08.01.2022.

Werner, Dietrich: „Kirche am Weg – Kirche an der Kreuzung“. In: Paulus-Blätter, Zeitung der Evangelischen Paulus-Kirchengemeinde. Mai 2022. S. 9.

Wetzel, Jürgen: „Flensburger Löwe in Heckeshorn“. In: Die Geschichte Berlins. URL: https://www.diegeschichteberlins.de/geschichteberlins/berlin-abc/stichworteag/884-flensburger-loewe-in-heckeshorn.html. Abgerufen am 21.05.2022.

Wikipedia: „Charlottenburger Tor“. URL: https://de.wikipedia.org/wiki/Charlottenburger_Tor. Abgerufen am 19.06.2022.

Ebd.: „Collonil“. In: URL: https://de.wikipedia.org/wiki/Collonil. Abgerufen am 13.06.2022.

Ebd.: „Eduard Jobst Siedler“. URL: https://de.wikipedia.org/wiki/Eduard_Jobst_Siedler. Abgerufen am 10.1.2022.

Wrangelkiez.de: Wrangelkiez-Geschichte. In: Wrangelkiez-Szenekiez in Kreuzberg-SO36. URL: https://www.wrangelkiez.de/wrangelkiez-geschichte/. Abgerufen am 24.06.2022.

3Quarks: „Mengenlehreuhr“. URL: http://3quarks.com/de/Mengenlehreuhr/index.html. Abgerufen am 07.05.2022.

Bildnachweis

Porträt S. 137: Pablo Castangnola

Porträt S. 162: Ava Pivot

SIE WOLLEN NOCH MEHR ÜBER

Berlin

WISSEN?

Hier gibt es sachkundige Informationen:

Marita Filipowsky
Berliner Geschichtswerkstatt e.V.
Vorträge, Veranstaltungen, Historische Dampferfahrten, thematische Stadtteilführungen Schöneberg, Sonderführungen auf Anfrage
Goltzstraße 49
10781 Berlin
Telefon: 030 / 215 44 50
E-Mail:
info@berliner-geschichtswerkstatt.de
Öffnungszeiten: Mo.-Fr. 15-18 Uhr

Förderverein Bürgertreffpunkt Bahnhof Lichterfelde West
Bürgertreff Bhf Liw.
Hans-Sachs-Straße 4 D
12205 Berlin
Telefon: 030 / 843 131 14
E-Mail: info@lichterfelde-west.net

Meinhard Schröder
entwickelt und organisiert jährlich die „Tegeler Geschichts-Sonntage", bei denen er und seine Mitstreiterinnen und Mitstreiter rund 16 Führungen zur Geschichte Tegels anbieten. Neben einer ganzen Reihe von Führungen in Tegel veranstaltet Schröder auch 30 Führungen zur Geschichte Berlins, beispielsweise: Die Verkehrsrevolution, Die ersten Kirchen Berlins, Schinkels Bauten prägen das Zentrum, Die Spreeinsel, Von der königlichen Komödie zum Berliner Ensemble, Geschichte und Politik auf dem Russischen Friedhof.
Telefon: 030 / 437 45 207
E-Mail: havelbruegge@posteo.de
Homepage:
www.geschichtsforum-tegel.berlin

Geschichtsforum Tegel
Michael Grimm
E-Mail:
michael.grimm.berlin@gmail.com

Museum Knoblauchhaus
Dauerausstellung „Berliner Leben im Biedermeier" und „Humboldt, Schinkel und Familie Knoblauch. Berliner Salon"
Poststraße 23
10178 Berlin
Telefon: 030 / 24002-162
Homepage:
www.stadtmuseum.de/Knoblauchhaus

Martin-Niemöller-Haus Berlin-Dahlem e.V.
Führungen, pädagogische Angebote und Veranstaltungen zur Geschichte der Bekennenden Kirche und zu Fragen verantwortlichen Handelns in der Gegenwart.
Pacelliallee 61
14195 Berlin
Telefon: 030 / 2332 783 10
E-Mail: info@mnh-dahlem.de
Homepage:
www.niemoeller-haus-berlin.de

Anja Pick
Förderverein Jüdischer Friedhof Berlin-Weißensee e.V.
Rundgänge über den größten jüdischen Friedhof Europas.
E-Mail: fuehrungen@jewish-cemetery-weissensee.org
Homepage:
www.jewish-cemetery-weissensee.org

Volksbund Deutsche Kriegsgräberfürsorge e.V., Landesverband Berlin
Kostenlose Führungen für Jugendliche und Erwachsene zu den Opfern von Krieg und Gewaltherrschaft und der damit verbundenen Geschichte und Erinnerung auf ausgewählten Kriegsgräberstätten in Berlin.
Kurt-Schumacher-Damm 41
13405 Berlin
Telefon: 030 / 25 464 134
E-Mail: berlin@volksbund.de
Homepage: www.berlin.volksbund.de

Publikationen:

Gabriel, Micaela A.: Die Frauen vom Reichstag, Band 1-3, Hamburg 2022.

Kist, Martin: Mordskalt, Berlin 2020.

Kist, Martin: Teufelswild, Berlin 2020.

Kist, Martin: Wunderland, Berlin 2022.

Kuntz, Benjamin: Lucie Adelsberger. Ärztin – Wissenschaftlerin – Chronistin von Auschwitz, Leipzig 2020.

Kuntz, Benjamin: Kurt Huldschinsky. „Licht statt Lebertran“ – Mit Höhensonne gegen Rachitis, Leipzig 2021.

Kuntz, Benjamin: Gustav Tugendreich. Kinderarzt – Sozialhygieniker – Pionier im Öffentlichen Gesundheitsdienst, Leipzig 2019.

Schröder, Meinhard: Tegel – Zwischen Idylle und Metropole, Berlin 2015.

Besuchen Sie uns im Internet: **www.bast-medien.de**

Haftungsausschluss

Trotz intensiven Austauschs mit unseren Gesprächspartnern, gewissenhafter Literaturrecherche und aufmerksamem Korrekturlesen erheben wir weder einen Anspruch auf Vollständigkeit noch auf Fehlerlosigkeit. Wir haben streng darauf geachtet, keine Urheberrechte zu verletzen, unsere Recherchen sind nach bestem Wissen und Gewissen erfolgt. Dennoch übernehmen wir keinerlei Gewähr für die Aktualität, Korrektheit oder Vollständigkeit der bereitgestellten Informationen. Haftungsansprüche gegen uns schließen wir grundsätzlich aus.